社会工作抗疫丛书

要发挥社会工作的专业优势，

支持广大社工、义工和志愿者开展

心理疏导、情绪支持、保障支持等服务。

习近平

2020年2月23日

社会工作抗疫丛书

献给

在那段不平凡的日子里

发挥专业优势、参与疫情防控的广大社会工作者

国家出版基金项目
NATIONAL PUBLICATION FOUNDATION

丛 书 组 编　中国社会工作教育协会
丛 书 主 编　马凤芝
丛书执行主编　沈　黎

社会工作抗疫丛书

社会工作参与新型冠状病毒感染疫情防控工作实务指引

（正式版）

马凤芝　主编

華東理工大學出版社
EAST CHINA UNIVERSITY OF SCIENCE AND TECHNOLOGY PRESS
·上海·

图书在版编目(CIP)数据

社会工作参与新型冠状病毒感染疫情防控工作实务指引：正式版/马凤芝主编. —上海：华东理工大学出版社，2023.12

(社会工作抗疫丛书/马凤芝主编)

ISBN 978-7-5628-7124-8

Ⅰ.①社… Ⅱ.①马… Ⅲ.①新型冠状病毒-病毒病-社会组织-参与管理-疫情管理-研究-中国 Ⅳ.①R512.93

中国国家版本馆 CIP 数据核字(2024)第 007566 号

策划编辑 / 刘 军
责任编辑 / 孟媛利
责任校对 / 张 云
装帧设计 / 徐 蓉
出版发行 / 华东理工大学出版社有限公司
地址：上海市梅陇路 130 号，200237
电话：021-64250306
网址：www.ecustpress.cn
邮箱：zongbianban@ecustpress.cn
印　　刷 / 上海雅昌艺术印刷有限公司
开　　本 / 890 mm×1240 mm 1/32
印　　张 / 3.25
字　　数 / 80 千字
版　　次 / 2023 年 12 月第 1 版
印　　次 / 2023 年 12 月第 1 次
定　　价 / 26.00 元

内容提要

本书主要讲述新冠疫情暴发后，随着疫情的变化和前线社会工作者参与疫情防控工作的开展，社会工作界可以如何更好地发挥社会工作专业优势，参与新冠疫情防控工作。本书共分八个部分：工作总则，工作伦理，社会工作者参与疫情防控工作的角色，新冠感染病患服务工作指引，重要人群服务工作指引，脆弱人群服务工作指引，儿童青少年、老年人、家庭和社区服务工作指引，社会工作督导。

社会工作抗疫丛书

主编序言

2020年年初，突如其来的新冠疫情横扫中华大地。此次疫情百年未遇，波及范围广泛。在疫情突发、全国人民齐心协力抗击疫情的日子里，中国社会工作教育协会和全国社会工作专业院校的师生经历了个人生活与专业实践整合、个人生活与国家社会命运联结的一段特殊又非凡的岁月。总结那些日子社会工作参与疫情防控工作的实践经验，对发挥社会工作在应对突发疫情时和疫情防控工作中的角色功能，完善突发社会公共卫生事件应急治理体系，以及提升国家治理能力具有重要意义。

一、坚守社会主义核心价值观和社会工作伦理，迅速行动，主动作为担当

新冠疫情发生伊始，中国社会工作教育协会在第一时间就发出了倡议，号召社会工作专业参与疫情防控，号召会员单位、社会工作专业师生积极行动，发挥社会工作专业的独特作用，根据自身情况，以各种方式参与到疫情防控工作中。同时，中国社会工作教育协会提出了组织高校社会工作专业师生参与疫情防控工作的原则，并做了具体的工作部署。

第一，社会工作专业要积极行动，承担专业责任。有关高校要积极响应习近平总书记和党中央的号召，发挥社会工作专业的独特功能，在积极参与国家重大事件中彰显专业能力，承

担专业社会责任。

第二，明确提出在党和政府统一领导下工作的原则。社会工作专业参与疫情防控工作，要主动寻求党和政府指导，在党和政府统一指挥下，积极建言献策，提供社会工作专业服务。

第三，提出了社会工作服务的模式和初步设想。社会工作专业师生参与疫情防控工作，要在地方民政部门和卫健委协调下，建立社会工作联合服务组织和网络平台，统一发布信息，统一调配资源和人手。

第四，提出了社会工作参与疫情防控工作的重点领域和服务内容。在疫情防控中，社会工作专业重点服务社区和医疗场所两个场域。社会工作专业部门要积极联合民政部门和卫健委，在当地民政部门和卫健委的部署领导下，为医护人员及其家属提供减压服务，为病患及其家属提供心理和情绪疏导服务，为社区工作者提供培训和支持服务，宣传社区疾病预防知识，关注社区弱势群体需要并提供相应服务。此外，社会工作专业部门要在志愿者服务培训方面开展专业服务。

为组织协调疫情防控工作，中国教育协会成立了中国社会工作教育协会社会工作参与疫情防控工作小组，副会长和副秘书长分工负责各片区相关工作，组织和协调全国高校社会工作专业师生、会员单位参与疫情防控工作。在中国教育协会的号召和组织下，各高校社会工作专业师生和会员单位积极行动，发挥社会工作专业的独特作用，以各种方式参与了抗击疫情工作。

二、 用专业知识服务疫情防控工作

在疫情防控工作的第一阶段，在社会工作机构和社会组织行动起来的情况下，迫切需要对疫情防控工作中的社会工作专业服务规范做好指引，以保证社会工作服务品质和对社会需求的有效回应。为打好打赢这场没有硝烟的疫情防控人民战争，中国社会工作教育协会第一时间召集11所高校的社会工作专家学者编写了《社会工作参与新型冠状病毒肺炎疫情防控工作实务指引》（以下简称《指引》），他们在两天时间内完成了编写任务，第三天就在中国社会工作教育协会的“社工抗疫之声”公众号上发布，供全国社会工作机构和基层社区工作者使用。此《指引》不仅对指导会员单位参与疫情防控工作发挥了作用，还指导社会工作师生专业规范地回应社会需要，为灾区群众提供服务，更为社会工作机构和社区工作者参与疫情防控提供了及时的专业服务指引，得到了业内广泛好评。随着疫情的变化及前线的试行使用，我们也不断地对《指引》进行了补充和完善。

在新冠疫情防控的关键时期，习近平总书记要求把人民群众生命安全和身体健康放在第一位，制定周密方案、组织各方力量开展防控，采取切实有效措施，坚决遏制疫情蔓延势头。为了传播社会工作疫情防控的理论和方法、链接资源、沟通消息、对公众进行疫情防控知识宣传教育、预防社会问题的发生，中国社会工作教育协会设立了“社工抗疫之声”微信公众号，以此为阵地，在线上及时发布面向一线社区工作者、专业社会工作机构、社区志愿者、社区居民等群体的社区抗疫防疫的相关知识和信息。从2020年2月初到5月，“社工抗疫之声”微信公众号累计发文200余篇，阅读量达10万余人次。根据疫情防控工作的需要，中国社会工作教育协会的服务水平不断提升，实现了从线下到线上，从社区到家庭和个人，从公众教育到丧亲者的哀伤辅导与家庭复原和社区防疫力抗疫力建设的飞跃。为了给前线社会工作者、社区工作者和志愿者提供支持，中国社会工作教育协会特别设计、组织开设了社会工作参与新冠疫情防控在线课程，通过直播、录播、沙龙、论坛等多种形式，依据抗疫一线工作人员的情况反馈，针对社区抗疫情况不断增设培训课程，为全国社会工作者、社区工作者和志愿者提供服务指引课程、线上服务模式课程、危机干预以及专门的哀伤辅导课程。截至 2020 年 5 月，在民政部慈善与社会工作司的指导下，中国社会工作教育协会开播了 13 个系列的公益性社会工作疫情防控专题课程，课程总时长近 120 小时，学习者超 8 万人次，受到社会各界的认可和好评，发挥了社会工作教育为前线社会工作参与疫情防控提供专业支持的作用。

2020 年 2 月 23 日，习近平总书记出席统筹推进新冠肺炎疫情防控和经济社会发展工作部署会议并发表重要讲话，他特别指示："要发挥社会工作的专业优势，支持广大社会工作者和志愿者开展心理疏导、情绪支持、保障支持等服务。"习近平总书记的话是对全国社会工作者参与疫情防控工作的鼓励和肯定。

三、 专业精准评估，科学施策服务

社会工作参与疫情防控工作，有一定的理论支撑，有一套方法技术，其在疫情防控各阶段对个人、家庭、社群的社会需要的回应及其专业服务，涵盖了从宏观社会政策倡导到微观社群服务等方面。

新冠疫情的影响范围是全国性的，波及全国范围内的社区、家庭和个人，对社会经济运行和人民生活产生了严重影响。国内外的历史经验表明，如果一个国家在发生重大社会公共卫生事件时救灾和响应机制不完善，应对出现重大失误，就有可能引发社会动乱，甚至影响到整个国家的稳定。突发疫情对整个社会提出的问题是：疫情防控期间如何组织社会生活？如何预防疫情连带而来的社会问题的出现？为了预防和解决诸多社会问题，社会工作应当为社区、家庭、个人提供什么帮助，以满足疫情防控状态下的特殊需要，保证社区、家庭和个人与社会间良好的社会联结，进而保持社会秩序稳定，使人们保持身心健康？

新冠病毒传播异常迅速，波及范围广泛，造成了巨大的伤痛。疫情暴发初期，社会工作专业教育者所具备的“专业敏感”告诉我们，此时社会工作需要即刻行动，回应因疫情产生的社会需要，这主要基于专业的预见和判断：第一，由于疫情防控需要所采取的各项措施在保护生命的同时，将对社会经济运行和人民生活产生严重影响，因此需要对公众进行疫情防控知识宣传和教育，关注公众的社会心理反应。第二，要关注社会弱势群体的需求满足和因其脆弱性而产生的问题，因为突发的社会公共卫生事件对不同社会成员的影响是不同的。社会弱势群体，在具体的社区封控期间的就医、信息掌握、资源获取、能够获得的社会支持网络的质量和数量，以及与社会的联结形态等方面，与其他社会成员相比大都有所不同，其所拥有的金钱与物质保障也不同。社会工作者要对这些群体及时进行需求评估，并且制定好预防问题发生和解决问题的方案。

突发的疫情和疫情防控工作的特殊性对传统社会工作服务

提出了挑战。全国各地都有不同的服务需求，特殊时期的服务方式与之前的危机干预社会工作有很大不同。为回应需要，除线下服务外，中国社会工作教育协会依托各专业委员会，根据疫情防控工作的进展，先后组织建立起十多支协会统一领导的服务工作队伍，有计划、有针对性地开展疫情防控社会工作服务和研究，形成了线上远程跨区域服务模式、线上下沉社区服务模式、线上远程国际社区服务模式等创新性的服务模式。

疫情防控是全民共同参与的总体战、阻击战，是一项“系统工程”，每个环节都不容忽视。打赢疫情防控战，有两条关键战线：一是医疗战线，即医生治病救人；二是社区战线，即人们居家阻断传染链。因此，医院和社区成了社会工作重点服务的领域，而社区防控工作成效直接影响着疫情防控战的成败。

居家防疫状态下，社区成了一个封闭的小社会，所有的社会生活需求都要在社区中得到满足，各种原本潜在的个人、家庭、邻里间的问题和矛盾同样可能因封闭的环境而集中显现，满足人们需要的资源因疫情防控等特殊条件会捉襟见肘，由此形成社区需求与回应需要满足能力间的聚集性张力。人们在疫情防控这种特定情境中生活，围绕家庭成员患病和治疗所产生的紧张、焦虑，会带来个体的“心理健康”问题，人们会因生活不便而产生不满甚至愤怒情绪。上述所有问题集中呈现，便形成了对社区工作的“挤兑”，稍有不慎就会激化出不可收拾的矛盾，这些也考验着社会和社区的治理能力。此时社会工作者需要即刻行动，回应因疫情而产生的社会需要，服务社区、家庭和个人。第一，服务社区。关注每个人、每个家庭，给社区中弱势群体以关怀，特别是关注弱势群体的需要满足和服务，包括独居老人、留守儿童、残疾人以及低收入家庭等，使他们的生活不因信息和物资匮乏而受困。第二，支持在疫情下负重“逆行”的社区和各部门工作者、志愿者开展服务工作，对这些人进行社区工作方法和技能培训，使之为社区提供有效能的服务，防止因知识不足而导致工作疏漏。

四、从优势视角出发增能社区，以能力建设增强社区团结和社会联结

疫情防控是对社区治理能力的考验，既要有强大的行政工作力量组织起有序的社区生活，又要有精细化的社会工作力量去满足社区居民需求并破解各种难题。专业的社会工作与行政性的社区工作目标一致、工作对象上有交叉点，但不等于行政工作。例如，在突发的疫情面前，社会工作专业以专业知识、价值评估疫情防控可能对社会经济运行和人们正常生活带来的影响，从提供满足社群需要的服务到为预防社会性问题发生而进行的公众宣传教育，从心理辅导、情绪支持到为弱势群体提供物质援助，致力于预防和解决问题，提升个人和社区解决问题的能力。其背后是社会工作以人为本、尊重和重视人的价值基础和专业工作理念。

第一，以人际联结增强个人和社区的心理纽带和联结感，促进个人和社区的心理健康。

社会工作和心理咨询都强调处理疫情防控下可能产生的心理健康问题，都会教授人们通过自我情绪疏导法来缓解各种紧张和焦虑问题，都会从公众宣传教育入手，让每个人掌握与疫情防控有关的知识并获得安全感，以预防和消除恐慌、紧张和

焦虑等不良心理。但社会工作强调人与社会的联结是个人、社群心理社会功能良好发挥的前提条件，认为心理健康问题既是个体的问题，又与其所处的环境有密切关系；社会工作强调和关注社会结构因素、社会环境和社会脉络对人们生活的影响，注重个体与社会关系的状态，强调每个人良好的身心健康离不开良好的社会联结下的人际关系。为此，中国社会工作教育协会疫情防控社会工作的服务方案都强调关注弱势群体，特别是疫情中的独居老人、残疾人、留守儿童和低收入家庭，关注他们与社区的联系情况，重视消除社会排斥，以社区联结和人际纽带为个体和家庭增添力量，促进社区心理健康。在疫情防控中，社会工作注重评估了解社区资源和运用生物—心理—社会方法，并将此方法运用到我们的技能培训中，以支持服务对象、患者和社区。

第二，关注弱势群体需要，实现公平正义。

社会工作注重以人为本，关注疫情中弱势群体的社会处境。在突发疫情和公共卫生事件中，不同的社会阶层、不同的地理位置受疫情影响的状况不同。社会工作关注个体和社群与更广大社会系统的联结，消除不平等，防止在马太效应下脆弱人群的劣势积累。例如，疫情防控下边远贫困地区低收入家庭青少年停课期间是否因没有学习所需的手机或电脑而无法正常学习？在新媒体技术快速发展的背景下，对某些弱势群体不利处境的关注也是十分重要的议题。

第三，建设关怀社区，以社区凝聚力促进社区团结互助，提升社区抗逆力。

社区对个体来说蕴含积极的社会意义。“社区”包含两种情况，一种是指居住在同一地域上的社群，一种是指具有某种共同身份认同的功能社群。这两种社区结合在一起形成了人际关系网络。对于现代人来说，每个人既是所居住地域的一分子，又属于某一社会团体。“社区”具有以下特征：一是社区成员具有“感情联结”；二是“特殊主义”取向，不同于“公事公办”“不讲情面”的“普遍主义”取向；三是集体取向，认同整体利益和由此引发出的集体身份认同，以实现整体利益为出发点的“利他主义”行为和个人对集体的忠诚与投入。由以上特征发展出社区成员间基于“我们”认知上的归属感和认同感，并进一步发展出“社区意识”。社会工作强调社区应该被视为一个网络，包括非正式人际关系网络，在社区中每个人因为血缘联结、共同兴趣、居住地域、友情、工作等关系联结起来。网络内的各部分都发挥功能，以个人或集体的形式去回应他人的困境，帮助面对困境的人士。

疫情防控社会工作在社区中的工作方案和实务的目标是：第一，维持每个人的社区生活和社区联结，使生活在社区里的人们团结起来，具有归属感，建立友谊；第二，强调建立关怀社区，让家庭和社区积极参与疫情防控工作并为社区和邻里提供支援，建立有效的支持系统和网络，增强社区的团结互助，增强社区抗逆力。

第四，以优势视角助力社区能力提升。

社会工作关注每个人的身心健康。身心健康是个人乃至家庭和社区发挥良好社会功能的基础和条件。如前所述，社会工作能够清楚地评估和辨识出在疫情防控处境中可能出现的个体身心健康和社区问题，但社会工作解决问题的理念不同于单纯的心理咨询或心理辅导。社会工作对“心理健康”问题不做个人归因，而是将个人问题放到社会脉络中，认为需求未被满足是问题产生的原因，因而个人问题背后都有结构性的原因；将人们与社会、社区和家庭进行联结，而不是将问题简单归结于个人或者个人心理问题。社会工作并不是一味给予，而是做能力建设、能力提升。社会工作者相信，每个人、每个家庭和每个社区都存在资源，可以用于解决问题，克服困难，使其进步和成长。因此，在疫情防控中，人们需要团结，需要互相扶持，需要相互信任，也需要理解和包容。为社区增能，发掘、激发和调动社区资源，进行社区能力建设，是消除问题的根本之计。以社区为本的疫情防控社会工作强调从治理角度到服务意识的转变。在疫情防控中，如何让生活在同一个社区里的人意识到“我们在一起”的重要性，团结合作，理解包容，从而带给邻居、他人友谊和温暖，需要社会工作者对社区生活有充分的了解，也需要社会工作者更好地认识社区脉络、社会结构、人际联结、人际关系的重要性。

疫情防控社会工作服务方案包含对有需要的个人、家庭、社区及所涉及的各类人群的服务。社会工作者应采取以社区为本的策略，在社区中满足需求，化解矛盾，促进社区能力的提升，为疫情防控筑牢社区这道防线。围绕社区赋能的目标，中国社会工作教育协会组织专家力量，在2020年1月27日筹备完成并陆续实施了下述工作和服务：① 开展“2＋3”线上社区下沉抗疫服务；② 开展“隔离人员”线上社会支持服务；③ 进行医护人员及其家属心理社会支持服务；④ 进行社区工作者心理社会支持服务；⑤ 建立全国高校社会工作专家服务库；⑥ 组织成立社会工作者志愿服务团队；⑦ 建立资源和服务人员需求信息发布平台，以统一调配资源和服务；⑧ 建立与政府部门协调工作的渠道；⑨ 通过线上服务平台，招募资深社会工作者为医护人员提供线上心理疏导解压服务。疫情防控社会工作服务分布在全国各地，形成了多领域的服务模式，包括武汉市江汉区北湖街“2＋3”线上社区下沉抗疫服务项目，黄冈市新冠疫情防控服务项目，黑龙江省“1＋4 政社联动”新冠疫情社区防控社会工作支持项目，陕西省社会工作抗击疫情专业支持服务体系建设项目，天津市河东区抗疫情暖心医护人员支援服务计划项目，北京市社区守护者服务项目，湖北青少年、家庭和亲子服务项目，湖北地区养老院服务项目。

中国地域辽阔，人口众多，自然灾害频仍，疫情和突发公共卫生危机也考验着各级政府的社会治理能力。认真总结疫情防控中社会工作的实践经验，将社会工作纳入社会风险防控体系和常态工作中，是实现国家治理体系和治理能力现代化的重要举措。“社会工作抗疫丛书”既是中国社会工作教育工作者在疫情防控工作中的记录，又是对社会工作参与疫情防控工作的实践经验总结的成果，更是社会工作教育者知识传播、教育和知识生产角色与责任的体现。

社会是一个系统，其中的各部分相互影响。社会工作的专业功能在于帮助个人、群体和社区解决因一时或某种社会结构性障碍导致的社会功能失调，以及由此产生的困难和问题，通过专业方法进行公众教育，进而预防问题的发生，同时增强个人、群体和社区的抗逆力。从本质上说，社会工作是社会福利制度的操作化表达，社会福利制度的功能和作用通过社会工作的服务传递出去，以实现社会福利的制度目标。社会工作参与疫情防控工作，就是发挥社会工作作为社会福利制度传递系统的功能，对突发疫情中发生的公共危机和弱势群体的处境进行危机干预，发挥其社会稳定机制的作用。

谨以此文纪念那段不平凡的日子，为社会工作参与、完善疫情防控和突发公共卫生危机应急响应体系、提升危机防控和治理能力提供经验借鉴。

是为丛书序。

中国社会工作教育协会副会长兼秘书长

北京大学社会学系教授

马凤芝

2023年8月9日

目 录

第一部分　工作总则

社会工作要发挥专业优势，在疫情防控工作中认真开展心理疏导、情绪支持、保障支持等服务。社会工作者参与疫情防控工作应当遵循下述基本原则：

一、 统一领导、有序参与

社会工作者要有大局意识，严格服从和遵守当地党委、政府针对新型冠状病毒感染防控工作做出的统一部署，在当地疫情防控指挥部的领导和统筹下，立足本地、因地制宜，做到依法有序地参与疫情防控工作。

二、 做好防护、自我照顾

社会工作者首先应提高自我保护能力，做好个人防护工作，密切关注个人身体状况，在保证自身安全的情况下，力所能及地为所在地社区提供所需的专业服务。社会工作者应当做好自我照顾，保持敏感，自我觉察，调整个人的身心状态，避免并处理好职业倦怠。

三、 秉持伦理、坚守专业

社会工作者应当持守社会工作专业价值与伦理，以避免伤害与维护民众和社会最大福祉为基本出发点。在提供专业服务时，社会工作者要有组织地配合相关部门，积极为有需求的社区、邻里、患者及其家属、隔离者及其家属、社区工作者和医务工作者等，提供困难救助、权益维护、心理疏导、关系调适、资源链接等社会支持服务。同时，有效运用互联网工作技术，提供专业、高效的服务。

四、 不断学习、提升能力

社会工作者在参与疫情防控工作前，应当接受必要的防疫知识和相关专业知识培训；在提供专业服务的过程中，应当有社会工作督导的保障机制。社会工作者需自觉不断持续学习，精进实务能力，保障服务成效。

第二部分　工作伦理

社会工作者在参与新冠感染疫情防控工作的过程中，应当以“合乎伦理”的方式提供专业服务。本指引主要回应的是社会工作者在参与疫情防控过程中可能出现的伦理议题。社会工作者应特别注意保障民众，尤其是弱势群体的生命权、隐私权和获得必要救济的相关权利，倡导社会团结与反歧视、反污名的社会氛围，倡导采取支援行动，用常规与创新的行动策略来参与新冠感染疫情防控工作。

一、生命优先

生命权是人最基本的权利。社会工作者应当将其作为服务的底线。在任何情况下，社会工作者参与疫情防控服务时都不得有任何可能危及民众生命的行为。社会工作者需要遵循：

（1）密切关注受疫情影响人群的衣、食、住、行，判断疫情带来的日常或急剧变化是否会威胁其生命安全，并迅速做出合乎“生命优先”伦理原则的反应。在防疫常态化的情境下，社会工作者还应根据社区防疫情况，设计覆盖不同人群的涉及食品采购与有效存储的分级指引清单，以回应、协助居民解决因疫情防控管制带来的食品供给问题。

（2）对弱势人群及其家属居家隔离后“无力自保”的困境保持“生命优先”的敏感度，如发现行动不便的高龄老人、身心残障人士、未成年人、慢性病患者、孕妇等存在紧急情况，应优先为其链接资源，提供医药资源及日常生活的基本保障。社会工作者还应与当地的卫生防疫主管部门保持密切合作，促进医疗资源与紧急医疗需求的及时对接。

（3）自我照顾。社会工作者与参与服务的相关人员应当具有安全的防护工具、基本的亲友支持网络，保证充足的睡眠，以保障身心安全、防止身心耗竭。当社会工作者与参与服务的相关人员无法实现自我照顾时，应暂停工作，并寻求防疫系统的支援。

（4）关照工作伙伴。社会工作者应及时劝阻不符合参与服务条件和能力要求的工作伙伴，防止其置于险境之中。可以将有效的服务经验与适当的资源分享给需要协助的工作伙伴，积极搭建服务网络。在招募志愿者时，要清晰地传达工作内容、工作时长、工作风险和工作指引等信息，为志愿者争取工作保险资源或提醒其自行购买保险。

二、 公平正义与反歧视

公平正义是社会工作专业的核心价值观。每个人都会生病，所以不应该歧视生病的人。我们的“敌人”是病毒，而不是具体或抽象的以某个城市或某种标签命名的“××人”，要坚决拒绝地域歧视和疾病污名。社会歧视会引发患者的耻辱感和心理恐慌，可能导致其隐瞒病情，造成更大的社会隔离和损害。因此，社会工作者应当遵循：

（1）反对歧视和污名化。应当为民众提供平等的居家/集中隔离的公共服务；非必要情况（如不遵守病情上报及隔离的规定，罔顾他人安全）下，不暴露外来人员的私人信息，防止造成社会恐慌；着力倡导本地居民与外地居民团结互助，缩小乃至消除由疫情造成的社会鸿沟。

（2）建立平等的服务关系。不以“专家”“拯救者”的身份自居，与有需求的民众建立平等的服务关系。以线上服务的形式协助在地受封控管理的居民建立社区互助网络，并帮助他们协调因疫情防控带来的邻里冲突。

（3）平等对待服务对象，无论他们是贫穷还是富有。只有出现违反“生命优先”这一底线原则的危急情况时，才可酌情打破平等原则。

三、保密

充分保障民众隐私权是建立信任关系的伦理基础，民众的隐私权不受侵犯也受到了《中华人民共和国民法典》等法律的保护。隐私权既是民众的合法权利，也是其保障自身其他合法权益的前提。社会工作者需要做到以下几点：

（1）一般情况下，应当对在服务过程中获得的资料进行保密处理。由医生、社会工作者、心理咨询师及其他相关专业人士进行综合评估后，在不威胁公众安全的情况下，应予以保密，防止有关人员因此遭受社会歧视和邻里排斥，以免造成二次心理与社会伤害。

（2）不宜披露的信息具体是指民众的个人信息，包括姓名、肖像、住址、家庭关系、电话及其他个人信息，应当及时劝阻相关人员私自泄露他人个人信息的做法。

（3）确实需要披露的信息，应当告知他们必要的披露理由与披露内容、范围及可能产生的影响，让他们做好心理准备。同时，在涉及信息披露的社区做好后续的社区教育，防止邻里恐慌扩大化。

四、真诚

真诚是社会工作的价值准则之一。在疫情尚未明朗时，真诚更是防止猜忌和恐慌蔓延的“防护墙”，是抚慰人心的“安慰剂”。因此，社会工作者需要做到以下几点：

（1）当民众提出的要求明显超出社会工作者自身的能力和工作条

件时，应当明确告知，并与其协商处理方式。必要时寻求外部支援，转介给具备相应能力的人员与组织。

(2) 及时告知民众与疫情相关的可靠信息。回应民众关切的问题时，应当据实告知，无论消息“好”与“坏”，应当提供真实、可靠的信息，协助居民了解疫情防控工作的进展情况。

(3) 不做绝对化的承诺。在进行情绪疏导时，避免言不由衷地使用“你一定会没事的”“你一定会好起来的”“我一定不会告知某某的”等绝对化的承诺，避免无法兑现承诺而失去居民的信任。在发现居民对某项规定有疑问时，应在咨询相关部门后及时进行解释，如无法解答，应协助居民向防疫相关部门表达居民的真实需求。

第三部分　社会工作者参与疫情防控工作的角色

在参与新冠感染疫情防控工作中，由于服务对象需求的多元性与特殊性，社会工作者可能同时扮演多个角色和发挥多项功能。具体而言，社会工作者扮演了如下角色：

一、资源链接者

在疫情发展过程中，可能存在医疗防护资源、基本生活物资等严重紧缺的状况，面对有需要的病患及其家属、医务工作者、疫区居民等，社会工作者应及时发现其需求并反映到主管部门和防疫部门，多方链接和筹集资源，尽可能实现资源的有效使用。

二、情绪疏导者

社会工作者应具有基本的预估能力，了解病患及其家属、医务工作者、疫区居民等的心理社会需求。社会工作者能够通过心理辅导和疏导服务，为服务对象提供压力宣泄、情绪疏导、认知调整等支持性服务，帮助其缓解焦虑、抑郁、不安、恐慌等负面情绪。

三、信息提供者

社会工作者应当掌握与新冠感染有关的各种信息，包括基本防护知识、相关福利政策等，及时向病患与社会大众提供准确信息。面对各类谣言，要及时澄清。

四、服务协调者

社会工作者应充当病患、家属和医护人员之间的协调者，承担协调沟通的任务，与医护人员讨论，提供适当的信息给服务对象，并转达家属的关怀与支持。社会工作者还要统筹做好志愿者管理工作，包括联系志愿服务组织等社会组织，链接相关志愿者，协助村庄、社区做好志愿者的招募、登记、培训、入群管理及资格审核等工作。

五、权益倡导者

由于新冠感染疫情突发，现有的相关政策有可能无法满足居民的多方面需求。对此，社会工作者应当收集信息，为某些政策的调整和更新提供建议。面对可能出现的歧视和偏见，社会工作者应当致力于去污名化的行动，以保障有关病患的基本权益。

六、实务研究者

社会工作者可以在参与疫情防控工作中开展社会工作实务研究，包括查阅与疫情相关的文献、评价实务工作的效果、提炼总结服务模式等。

第四部分　新冠感染病患服务工作指引

一、疑似病患服务工作指引

（一）工作目标

本指引中的疑似病患参照国家卫生健康委员会发布的《新型冠状病毒肺炎诊疗方案（试行第六版）》中的定义。工作目标是以疑似病患的需求为中心，协助其解决医疗服务问题，提升其对新冠肺炎的正确认识，缓解其因隔离产生的不良情绪，协调其与医护人员、家属及其他工作人员之间的关系，促进其提升适应危机的能力，最终致力于协助疑似病患回归原有的正常生活。

（二）工作内容

（1）通过电话与疑似病患建立专业关系。社会工作者可从医院处获取疑似病患名单，通过电话与疑似病患取得联系，告知其社会工作者的专业身份，并告知他们在隔离—检测—诊疗—解除隔离或确诊后入院治疗的过程中社会工作者可以为他们提供的帮助和服务，在疑似病患知情同意的情况下与其建立专业服务关系。社会工作者以社会支持者的角色出现，帮助疑似病患初步缓解恐惧感、焦虑感和孤独感，为其注入希望。

（2）向疑似病患讲解隔离的必要性。告知疑似病患社会工作者的角色后，社会工作者可向疑似病患讲解入病区隔离的必要性：鉴于新冠感染传染性强、潜伏期有时较长等特性，入病区隔离既是对疑似病患本人的生命安全和身体健康负责，也是对其身边重要他人的生命安全和身体健康负责，更是对社会大众负责，是防止疫情扩散的重要举措。社会工作者应以信息告知者的角色出现，避免疑似病患对入病区隔离产生抵触情绪。

（3）告知并劝说疑似病患配合流行病学史调查。向疑似病患讲解隔离的必要性后，在流调小组调查之前，社会工作者可告知疑似病患疾控中心的流调小组将会对其行动轨迹进行调查，尤其是其出现症状前 14 天的行动轨迹，以此寻找密切接触者。在调查过程中，极有可能出现疑似病患记不清细节的情况，此时他们容易产生焦虑情绪，社会工作者可告知疑似病患这些可能出现的情形，并建议疑似病患借助手机支付记录、具体情景、重要他人等进行回忆，以帮助流调小组收集准确信息，及时采取后续措施。

（4）联系疑似病患家属，告知他们居家隔离的注意事项。社会工作者与疑似病患建立专业关系、讲解隔离和调查的必要性后，须立即联络病患家属，告知他们关于居家隔离的注意事项。

（5）告知疑似病患排除疑似的条件及检测结果的反复性。社会工作者需提前告知疑似病患有关排查工作的历时性及检测结果的反复性等信息，以便帮助疑似病患做好心理准备。

（6）关注并帮助疑似病患改善心理状况。在疑似病患隔离期间，社会工作者须关注其心理状况，并传授给他们有关心理疏导和压力情绪缓解的技巧。首先，社会工作者可帮助其识别生理和情绪上的不适，帮助他们接受不安、焦虑和恐惧，告诉他们这都是普通人面对非正常事件的正常反应，不要否认和排斥这些情绪。其次，引导疑似病患积极调整自我认知，坚定战胜病毒的信念；接纳隔离处境，尽可能保持正常作息，强化与病毒抗争的动力；主动给重要他人打电话，通过交流互助改善情绪；勤做呼吸运动，降低压力，提升对兴趣爱好等感兴趣的事情的专注力；在身体状况允许的情况下，经常下床走动，舒展身体；如有需要，可以通过写心情日记的方式梳理纷繁的情绪，还可以阅读其他人的“防疫日记”等来提升正向能量。社会工作者可根据疑似病患的具体情况、性格特点，给予其特定的心理疏导。

（7）了解疑似病患的特殊需求并做相关沟通。社会工作者需要在与疑似病患沟通的过程中了解其特殊需求，如因学习、工作、自身身体状况等出现特殊需要时，可联络病患家属、院方、社会组织等协助解决。

（8）实时告知疑似病患家属关于疑似病患病情的发展情况。社会工作者要与医院或隔离点的医护人员保持联络，了解疑似病患病情发展情况，协助疑似病患向医院或隔离点表达意见和澄清困惑，协助其在医院或隔离点找到适当的对话窗口去询问和了解关于新冠感染病情的相关问题。同时，与疑似病患家属进行沟通，保证疑似病患家属能够得到他们解除隔离或确诊、治疗、康复的准确信息，缓解家属的焦虑情绪。

（9）告知疑似病患及其家属相关部门对确诊和治疗费用的补助。关于确诊期间及后续治疗中产生的医疗费用，社会工作者可告知疑似病患及其家属，在新冠感染疫情防控期间，按照国家医疗保障局、财政部等部门的要求，医疗费用结算的相关规定。

（三）工作注意事项

（1）严格把控关键时间节点介入。社会工作者应每天与对接医院或隔离点联络，获取最新的疑似病患名单，保证一旦有被确定的疑似病患，社会工作者能第一时间以支持者角色出现。社会工作者须严格把控时间节点介入，以保证介入的有效性。

（2）保证信息准确且忌过度承诺。在介入期间，社会工作者务必反复确认将要告知疑似病患及其家属的信息，保证来源权威、内容准确，且注意信息、政策的实时更新。在无法给予疑似病患及其家属准确答复的情况下，切忌过度承诺，切忌模糊信息。对于社会工作者无力解决的问题，需要如实告知疑似病患及其家属。

（3）以电话或微信的方式进行沟通。社会工作者在工作中应尽量以电话或微信的方式与疑似病患及其家属进行沟通，不同疑似病患的情况不同，应采取不同的处理方式。例如，对于意识清晰且可进行言语沟通的疑似病患，可以与其及其家属取得联系，提供关心支持服务，进行社会心理评估，开展干预。对于意识清晰但无法进行言语沟通的疑似病患，如其有阅读能力，社会工作者可通过撰写鼓励信的方式表达关怀；如其无阅读能力，可请护理人员代替读信，或鼓励家属录制音频信息，为疑似病患加油打气。

（4）做好知识储备和心理准备。社会工作者在为疑似病患服务时，会面临感染的风险，自然会担心害怕。因此，社会工作者在开展助人服务时，要先做好防护准备和自我心理准备，转换心情面对疫情的挑战，充分了解新冠感染病患和疑似病患的现状、需求和问题，提供服务时秉持关怀、真诚的助人精神。随时关注自己的身心健康，增强免疫力，适时舒缓自我压力。

（5）做好疲劳和高度心理压力的自我疏导。经过一段时间的紧张工作，社会工作者之间可以互相分享工作经验和心得，建立同伴支持网络。具有督导资质的社会工作者要积极开展支持性督导，以舒缓一线社会工作者的心理压力。

二、 确诊病患服务工作指引

（一）工作目标

本指引中的确诊病患参照国家卫生健康委员会发布的《新型冠状病毒肺炎诊疗方案（试行第六版）》中的定义，包括轻型、普通型、重型和危重症病患。工作目标是以确诊病患的需求为中心，协助其解决医疗服务问题，提升其对疾病的科学认知，链接相关资源，缓解其因住院隔离治疗产生的情绪和心理问题，协调病患与医务人员、家庭成员等的沟通和互动，保障其在出院后隔离康复的有序进行，最终协助其回归正常生活。

（二）工作内容

1. 初入院期服务

在这一阶段，确诊病患可能存在以下问题：① 生理问题。因对疾病症状和治疗过程不了解，可能存在睡眠障碍等问题。② 心理问题。如不安，恐惧（不敢相信自己感染了新冠病毒、担心家人因为自己而感染病毒），孤单（无人陪伴、独自一人在医院面对疾病），自责（认为是因为自己而导致身边的家人和朋友被感染的风险骤增），生气，愤怒（为什么是“我”得了病，为什么要隔离，为什么要限制“我”的自由），等等。③ 社会问题。如经济状况存在风险（工作中断，面临停业），亲友关系暂时断裂，担心家人在外隔离的状况，担心社会关系受到影响（如害怕被邻居、朋友歧视）。

针对确诊病患可能存在的以上几个方面的问题，社会工作者可开展的服务内容如下：① 建立专业关系，同理、倾听、接纳服务对象的情绪反应，提供入院指导，将入院须知制作成纸质版或电子版手册供病患查阅，告知其医院布局、病床位置、所需物资的领取方式、病友群的入群方式、医院管理机制等信息。② 以电话追踪服务对象的情绪状况，为其提供书籍或报刊，了解服务对象的家庭和社会支持状况，以及是否有亲友可以提供日常生活协助。③ 同理和接纳服务对象的感受，主动说明住院治疗的必要性。④ 让服务对象宣泄负面情绪，接纳其情绪反应，向其说明新冠感染变化快速和需要进一步观察的重要性，赋予服务对象愿意牺牲自己一段时间的自由来保障周围人和社会上其他人生命健康的正向意义。⑤ 由于服务对象的担心可能与对医院环境与防控机制不了解有关，因此社会工作者需要向其说明医院防控的流程和处理方式，为其提供相关资讯，消除其疑虑。

2. 住院期服务

在这一阶段，确诊病患可能出现不同情况：有些轻型或普通型病患经过治疗后，可能病症得以缓解，情绪也已恢复平静，能够接受住院的事实；有些重症或危重症的病患病情还没有稳定，仍然担心自身的病情，容易出现情绪起伏及对住院生活的不满意等；有些病患仍然不能接受住院隔离、被限制自由的事实；还有些病患担心家中的经济和生活问题等。

针对这一时期不同病患的特征，社会工作者可开展的服务内容有：① 对情绪较平稳和病情稳定的病患，每一到两天进行一次电话关怀；引导病患通过病友群等分享感受，相互支持；视情况带领院内病患进行合理的运动或活动，营造积极的治疗氛围。② 对情绪起伏较大的病患，每日进行一次电话关怀，倾听、同理他们的感受、想法，帮助病患宣泄情绪，协助病患修正错误的认知；向病患传达关于疾病的科学知识及治愈出院病例的积极信息，鼓励患者积极配合治疗，增强其治愈信心。③ 倾听病患对疾病、死亡的感受和想法，评估服务对象是否有过度、不符合事实的担心，向病患提供防疫进展、政策福利、社会资源等信息，避免病患因信息不畅而产生焦虑心理。④ 评估病患的家庭经济状况，如病患为家中经济的主要来源者或其家庭面临经济中断的问题，需要向病患所在的社区反映，协助其家庭申请经济救助等。⑤ 评估病患的情绪或精神问题，了解病患出现不适状况的原因，尝试安慰病患；如果其行为上存在异常情况，应及时告知医务人员并转介精神科医生进行评估。⑥ 社会工作者开展的服务需要依据病患的身体状况来选择。对意识清晰且可进行言语沟通的病患，可以与其及其家属取得联系，提供关心支持服务，进行社会心理评估，开展干预；对意识清晰但无法进行言语沟通的病患，如有阅读能力，社会工作者可通过撰写鼓励信的方式表达关怀，如无阅读能力，可请医护人员为其读信，或鼓励家属录制音频信息，为确诊病患加油打气。⑦ 鼓励确诊病患的家庭成员通过电话或微信等方式向病患表达关心和鼓励，如果病患不方便使用手机，可以引导病患家庭成员手写信或卡片，并通过医护人员传递到病患手中，促进病患积极治疗。

3. 出院期服务

在这一阶段，确诊病患的病情已经逐步稳定，达到出院标准，处于观察期。对即将出院的病患来说，他们可能还不太了解出院的相关事宜，对出院之后的后续治疗和康复存在担心情绪，有的确诊病患与家人之间的关系也曾出现断裂。社会工作者在此阶段的服务内容主要是协助病患做好出院准备，协助其顺利出院，可提供的服务内容如下：① 向病患提供正确的出院手续办理流程和出院步骤执行方法，如在院内所使用物品的处理方法、出院时如何进行消毒等；收集新冠病毒防护知识及居家隔离的科学方法并制作成手册，提供给预备出院的病患，进一步提升治愈病患对疾病的科学认知。② 协助病患做好出院计划，说明出院后仍需居家隔离的原因和必要性，为其提供社区服务资源，向其说明出院后的注意事项。③ 与治愈出院病患的照顾者取得联系，为其提供后续照顾和共同生活的注意事项，协助其执行治愈出院病患科学的居家隔离健康管理要求。④ 主动将联系方式告知病患，告知其如有需要和问题，可主动与社会工作者取得联系。

（三）工作组织架构

如图 4－1 所示，建议在医院社工部的组织框架下，成立新冠肺炎疫情抗击小组，由社工部主任担任组长，负责指挥督导抗击新冠肺炎疫情期间的各个服务项目和具体内容，并协助医院内外各级单位之间进行行政协调与联系。

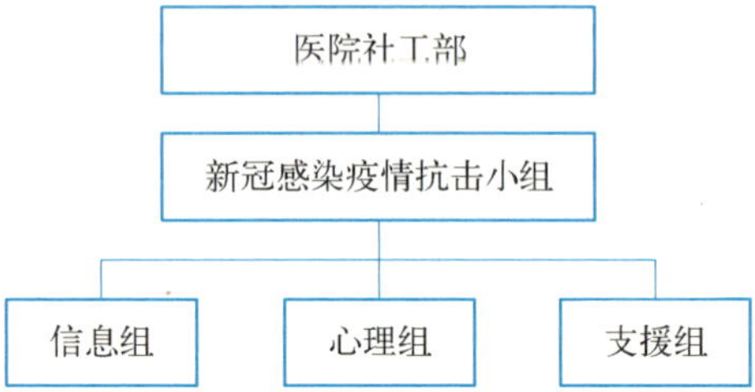

图 4－1　抗击新冠感染医务社会工作者服务组织架构

此外，将原有的社工部的工作人员分为不同的任务组，包括：① 信息组。负责收集与新冠感染防治相关的最新政策和福利服务信息，制作成宣传手册，定期通过医护人员送至病患手中，传递最新、最正确的信息给服务对象。② 心理组。负责对病患开展社会心理评估，协助其适应住院生活，转变其就医态度，提供直接的个案服务。③ 支援组。负责接待主动求助和转介而来的服务对象，接收和处理新冠感染疫情抗击小组的行政事务，以及完成组长和其他组成员交代的事项。

（四）方舱医院服务

作为一种可移动的医疗空间，方舱医院具有紧急救治、外科处置、临床检验等多种功能。由于方舱医院属于临时性的应急医疗平台，需要同时容纳大量病患，故其社会工作服务与一般医院面对病患的服务会有所不同。根据已有经验，舱内是否有对接的地面工作人员是决定线上社会工作者带领的专业志愿团队能否有效开展工作的前提。社会工作团队采取“线上＋线下”支援、“舱内＋舱外”协作的方式进行服务，线上服务配合线下开展工作。线上团队以网络建群的形式组建团队，以分群管理的形式组织工作，招募专业志愿者面向舱内舱友开展在线咨询、疑问回复、心理疏导、服务管理等服务。线下团队分为舱内社工和舱外社工，以社会工作者的身份与医护人员共同工作，其中舱内社工协助医护人员开展病患的治疗协助、自我管理、生活照顾等服务，舱外社工负责资源对接、社区协调等工作。

（五）工作注意事项

（1）澄清服务边界。社会工作者要对自身所能提供的服务的范围进行清晰的界定，认识自身资源和能力的局限，当无法满足服务对象的需求时，应及时进行转介。提供服务时，不应向病患提供任何医疗意见和未经证实的信息。

（2）更新服务方式。由于疫情的特殊性，社会工作者大多通过线上的方式与服务对象取得联系并提供服务。这就要求社会工作者熟练掌握线上平台的使用方法，及时与服务对象取得联系，并善用不同平台收集相关信息，同时应对大量信息进行有效性的筛选和真实性的考量。将信息传递给服务对象时，应当注意有所选择。

（3）注意自我防护。在抗击疫情的过程中，尽管在线下为确诊病患进行面对面服务的情况较少，但是当面临这种情况时，社会工作者必须将自身的安全和健康放在第一位，确保自身防护措施到位。在提供服务时，可能会面临确诊病患大量的负面情绪，社会工作者应及时进行自我心理调适，确保自身的心理健康和积极心态，这样才能更好地为服务对象提供服务。

三、病患愈后服务工作指引

（一）工作目标

以病患出院后愈合的各项需求为中心，协调病患修复因住院治疗而断裂的社会关系网，促进病患与家庭成员等的沟通和互动，保障其在出院后隔离康复的有序进行，协助其回归社区，恢复原有的正常生活。

（二）工作内容

根据《新型冠状病毒肺炎诊疗方案（试行第六版）》中对病患出院后注意事项的要求，病患在出院后需要继续进行为期14天的自我居家隔离，并在第二周和第四周到医院复诊。考虑到此情况，社会工作者在病患的愈后工作中可开展如下服务内容：

（1）做好病患资料的衔接工作。病患出院回到社区后，社区的社会工作者需要与医院内工作者做好交接，了解病患在医院的基本情况，协助病患将自身信息推送到所在地的基层医疗机构或居委会。

（2）主动与病患取得联系，建立专业关系。对回到社区的病患，社会工作者应主动打电话与之取得联系，表达关心。告知他治愈后居家隔离的原因和必要性，并向其提供居家隔离期间社区服务信息及注意事项；整理当前社区的服务清单和相关政策福利信息，及时提供给愈后病患及其照顾者。

（3）评估病患的社会心理状况，重构其社区支持系统。社会工作者需要评估病患出院后的情绪状态、对疾病的认识、家庭互动关系、可运用的正式或非正式资源、运用资源的能力、出院后是否有亲友提供支持、工作状况、是否存在工作关系断裂的情况等。

（4）开展心理辅导，协助制订康复计划。倾听、同理服务对象的情绪表达，协助其梳理情绪，找出压力来源，适当提供心理健康服务，内容可包括：了解压力调节与心理健康的关系，学习识别压力，改变对压力的态度，学习放松和正面应对方式。与病患一起制订愈后生活计划，为其注入未来生活的希望和信心。

（5）链接社区资源，减少针对病患的污名。对于曾感染新冠病毒的患者来说，社会上可能存在对他们及其家属的偏见和污名，导致其原有的社会关系断裂，难以融入原有的社区。社会工作者需要为患者及其家属提供可利用的社会资源。与社区组织合作，在社区内开展去除新冠感染患者污名化的活动，运用公众教育的方式，让普通群众正确认识疾病，减少对患者及其家属的偏见。鼓励康复的患者及其家属在完成为期 14 天的居家隔离后，参与去污名化的活动，向社区居民分享自己的感受和经历，以此提升社区内其他人对患者及其家属的理解和支持。

（三）工作注意事项

（1）保障服务对象的隐私权。当病患回到社区后，其个人信息会被推送到居住地基层单位。在服务中，社会工作者要保证服务对象信息的隐私性，对收集到的服务对象的个人信息资料严格保密。如果不注意保密，泄露了服务对象的个人信息，会对服务对象产生不利影响，也不符合社会工作的专业伦理。

（2）熟知新冠感染相关的医学知识和防疫资讯。服务对象在社区内进行治愈后隔离时，仍然需要相关的疾病信息和居家服务。社会工作者需要熟知与新冠感染相关的医学常识、防治常识，以及与防疫相关的政策、措施、服务资源、联络方式，以应对服务对象的求助。通过传递这些信息，帮助他们在面对疫情时找到一些确定感和安全感。

（3）重视社区中的污名化现象。历史上，人类因为传染性疾病（如麻风病、艾滋病等）而遭受歧视的现象非常多，社会工作者需要从过去的经验中吸取教训，更好地理解和面对因受新冠感染影响而被污名化的病患，在社区中开展去污名化的行动，帮助病患回归社区、融入社区，被社区居民接纳。

第五部分　重要人群服务工作指引

一、患者家属及封控区（管控区）居民工作指引

（一）工作目标

在疫情发展与防控的不同阶段，患者家属及封控区（管控区）居民的需求会有较大差异。社会工作者要及时根据疫情的变化和国家及地方政府防控措施的变化，不断调整工作目标。

1. 疫情发展及防控初期工作目标

这一阶段的主要目标是危机干预、紧急救助与情绪安抚。疫情发展初期，防控要求、医疗保障与生活保障等措施尚待逐步落实到位，患者家属及封控区（管控区）居民会出现大范围的心理恐慌，随之而来的是医疗物资紧张、商品抢购等现象。同时，因自媒体和社交媒体的普及，有关疫情传播、防控措施、封控区（管控区）居民需求等方面的海量信息扑面而来，这些信息真真假假、虚虚实实，让人很难分辨。越是想了解真实的信息，越有可能陷入信息饱和或信息过载所带来的信息失真中。恐慌、焦虑、愤怒、沮丧、担忧、害怕等情绪不断加剧、逐步蔓延，个别人甚至会萌生出极端想法。此时，社会工作者可以协助居民鉴别真假信息，及时普及正确的医学常识，安抚患者家属及封控区（管控区）居民的不安情绪，并及时甄别需要提供紧急医疗救助或紧急生活救助的人员，将他们面临的困难和需求及时向有关部门反映和报告，以便各级政府和组织尽快开通救助渠道，向其提供救助。

2. 疫情发展及防控中期工作目标

这一阶段的主要目标是需求传递、资源链接与居家支持。疫情发

展中期，随着防控政策和管控措施陆续实施，患者家属及封控区（管控区）居民有可能面对平时不会遇到的困难，或面临防控措施对多样化需求暂时无法顾及的问题，如交通阻断后的社区居民急病就医需求、慢病常规治疗和药品补充需求，患者隔离治疗后家中老幼病弱的日常照顾问题，以及居民长时间居家的生活方式调整、家庭关系紧张等情况。此时，社会工作者可以开展需求评估，并将其传递给防控管理机构、政府职能部门、志愿服务组织等，进行必要的资源链接，以便及时回应居民关切。同时，可以通过发掘个人及家庭的优势或潜能，逐步提升患者家属及封控区（管控区）居民长期居家隔离的生活适应能力。

3. 疫情发展及防控后期工作目标

这一阶段的主要目标是巩固战“疫”成果、规划“疫”后生活。随着疫情逐步得到控制，康复患者日益增多，患者家属及封控区（管控区）居民的防疫压力不断减轻。此时，社会工作者可以协助患者家属及封控区（管控区）居民巩固战“疫”期间的学习成果，如日常健康与常用医学知识的掌握、健康生活方式的养成、和谐家庭关系的建立等。同时，社会工作者还可以协助患者家属及封控区（管控区）居民着手规划和准备疫情结束后的学习、工作和生活等。

（二）工作组织架构

为更好地向患者家属及封控区（管控区）居民提供服务，建议成立线上疫情防控社会工作专业服务团队，团队至少由一名熟悉所在社区环境和人员的当地社会工作者，一名具有基本医学知识或医务社会工作经验的社会工作者，或一名接受过相关培训的社会工作专业学生或志愿者，以及一名能够提供专业支持的社会工作督导等组成。

（三）工作内容

疫情防控期间的社会工作服务需依据疫情防控发展的阶段和患者

家属及封控区（管控区）居民的需求或问题的紧急程度、重要程度等有序进行。

1. 危机干预

社会工作者应快速、准确地识别患者家属及封控区（管控区）居民的危急事件，通过提供信息、回应需求、疏导情绪、重构认知、紧急援助等方法，及时化解个人危机或群体性危机，避免产生更严重的后果。

2. 临时救助

疫情的发生以及防控措施的落实，会使一些原本正常生活的患者家属和封控区（管控区）居民陷入临时困境。譬如患者隔离治疗带来的家中老幼病弱的日常照顾及生活困难，封控区（管控区）交通阻断后孕妇和哮喘、心脏病等急性发作患者的紧急就医需求，需要透析等慢病患者的常规治疗和药品补充等。社会工作者需要尽快、尽可能全面地了解和掌握本社区需要临时救助的人员的情况和救助类别，并评估其需要获得救助的优先次序。在此基础上，及时报告、积极联络和链接相关资源，为暂时陷入困境的患者家属及封控区（管控区）居民提供防疫救助、生活救助、医疗救助等紧急救助和困难帮扶。

3. 情绪安抚

根据疫情不同发展阶段的特点，或根据患者家属及封控区（管控区）居民在不同处境中表现出来的情绪状况，社会工作者应提供有针对性的情绪表达、情绪识别、情绪疏导和情绪安抚服务。例如，患者家属及封控区（管控区）居民在疫情初期的恐慌、愤怒、无助，中期的烦躁、抑郁、不满，以及患者家属随患者病情变化出现的焦虑、担忧、悲伤等。

4. 需求传递

疫情期间，随着防控措施的不断推行，患者家属及封控区（管控区）居民将面临许多不同于平时的新问题，产生新的需求。社会工作者需要及时全面地开展有关就医、健康、生活等方面的需求调查与评估，并尽快将这些需求传递给疫情防控指挥部门、相关政府部门或志愿服务组织，以便其做出周密计划与统筹安排。

5. 资源链接

社会工作者应及时发布正确信息，多方筹措资源，为有需要的患者家属及封控区（管控区）居民链接所需的疫情防护、医疗救治、生活物资、居家照顾、情绪疏导、关系促进等资源与服务。

6. 居家支持

疫情将正常的生活按下了暂停键，打乱了人们原有的生活节奏与习惯。多数人需要长时间居家，对日常生活节奏进行调整、改变家庭成员之间的相处模式，这些都需要一个适应过程。社会工作者可以通过线上、线下等多种支持方式，发掘个人及家庭的优势或潜能，不断提升患者家属及封控区（管控区）居民对长期居家隔离生活的适应和应对能力。

（四）工作注意事项

1. 良好的信任关系是开展服务的前提和基础

社会工作者如果平时和服务对象、所在社区及相关部门等建立了良好的信任关系，此时就很容易参与到联防联控的工作中来，并有机会为患者家属及封控区（管控区）居民开展危机干预、情绪安抚、需求评估、居家支持等专业服务。当然，由于疫情发展迅速，一些社会工作者需要进入陌生人群、陌生社区开展工作，此时一定要特别注意先从建立信任关系开始。例如，社会工作者可以从一些日常性的话题或大家都关注的疫情信息切入，逐步表现出自己的关切和专业性，建立信任关系后，再开始必要的干预工作。疫情防控期间，熟悉服务对象的生活环境、具有医学方面的工作经验或掌握一些基础性的医学知识，将有利于信任关系的快速建立。

2. 避免问题视角，注重赋权增能

社会工作者一定要避免弱化患者家属及封控区（管控区）居民的能力，避免把他们当作完全被动、手足无措、等待救援的问题人群；相反，要相信他们有克服困难、战胜疫情的决心和潜力。疫情的暴发，可能会在一段时间内影响他们应对危机和困难的能力的发挥。一旦度过最初的惊慌和忙乱阶段，他们会逐渐展现出自身应对危机和挑战的潜力。因此，社会工作者需要留意和发现患者家属及封控区（管控区）居民在应对疫情过程中慢慢表现出来的优势和潜能，如面对疫情时的幽默、乐观，居家隔离时的学习和创造能力等，社会工作者的工作重点要从最开始的关心、安慰，转向后续的肯定、支持与鼓励，不断增强他们克服困难、战胜疫情的心理能力和精神动力。

3. 关注社会关系的重建

疫情防控期是一个特殊时期，相对平时而言，可以被看作一个高压时期或非常时期，不同人群之间的真实关系状况将会表露无遗。平时关系和睦的，此时可能会更加亲近，也可能会产生隔阂，甚至反目成仇；平时不明显的矛盾或紧张关系，此时可能会凸显或激化，也可能会顺势化解，乃至冰释前嫌。疫情防控期间，良好的群体关系会增强向心力与凝聚力，众志成城，有利于早日战胜疫情；而尖锐的对立或矛盾关系则可能带来推诿扯皮、相互掣肘，加大疫情防控的难度。疫情防控期间，社会工作者需要特别关注的社会关系有：① 医患关系，如促进医护人员与患者及其家属之间的沟通交流；② 干群关系，如增进防控工作人员与社区居民之间的相互理解；③ 邻里关系，如增强疫情防控期间邻里间的团结合作；④ 家庭关系，如增进夫妻及亲子之间的爱与包容；⑤ 雇佣关系，如促进雇主与雇员之间的彼此体谅；等等。社会工作者要注意把握时机，顺势而为，促进不同社会成员之间关系的和谐与稳定，为抗击疫情助力。

二、 医护人员及其家属服务工作指引

（一）工作目标

（1）为医护人员提供心理疏导、压力舒缓、情绪疏导、家庭关系处理的方法和技巧，帮助其缓解心理压力和情绪困扰；对有紧急救助需求的医护人员开展危机介入，协助其缓解压力，化解危机。

（2）为医护人员提供与病患、疑似病患、集中隔离居民及其家属等进行沟通交流的方法与技巧，营造良好的医患关系；为医护人员提供协助舒缓病患及其家属心理压力的方法和技巧，安抚病患情绪，提高其治疗和隔离配合度。

（3）关怀医护人员家属，为其提供信息咨询、资源链接等社会支持服务，并为有紧急救助需求的医护人员家属提供家庭支持服务，包括但不限于家庭关系处理、老人照料、未成年子女照料、子女课业辅导、特殊困难援助等支持性服务，以缓解医护人员家属的困扰，解除医护人员的后顾之忧。

（二）工作内容

1. 需求评估

组织有关人员对医护人员及其家属的服务需求开展快速调查与评估，按照需求的轻重缓急，确定针对性的服务模式与服务流程。评估应贯穿于整个服务过程，以为不断调整服务方式与内容提供依据。

2. 心理疏导

为医护人员及其家属提供处理心理压力的方法和技巧，开展线

上、线下心理疏导服务，帮助其缓解心理压力，可根据个体需要，开展一对一个案服务；为医护人员提供协助处理病患心理压力的方法和技巧，在社会工作者无法直接接触病患的特殊时期，由医护人员进行病患的心理压力疏导工作。

3. 情绪支持

为有需要的医护人员及其家属提供情绪宣泄、情绪疏导、情绪认知调整等情绪支持服务，并为有需要的个体提供个案服务；为医护人员提供协助病患舒缓情绪的方法和技巧，在社会工作者无法直接接触病患的特殊时期，由医护人员进行病患的情绪支持工作。

4. 肢体压力舒缓

为医护人员提供肢体压力舒缓的方法和技巧，以及协助病患运动的方法和技巧，在社会工作者无法直接接触病患的特殊时期，由医护人员协助病患舒缓肢体压力。

5. 医患关系协调

为医护人员提供与病患及其家属沟通的方法和技巧，协助他们与病患及其家属建立良好的医患关系；为有特别需要的医护人员和病患及其家属提供医患关系协调服务。

6. 家庭支持

为医护人员及其家属提供家庭支持服务，帮助其在特殊时期解决亲密关系、亲子关系、老人及未成年子女照料、课业辅导、特殊困难等家庭问题。

7. 资源链接

链接、整合资源，满足医护人员及其家属的医疗与生活物资需求。

（三）工作方式

针对医护人员及其家属的服务，依据服务内容可选择线上或线下两种不同的方式。

1. 线上服务

借助电话、微信等方式为医护人员及其家属提供一对多的陪伴式服务、资料推送与信息分享，以及心理关爱和情绪支持服务；对急需服务的对象，提供一对一的电话或微信咨询服务等。

2. 线下服务

在条件允许的情况下，社会工作者可跟随医疗团队进入工作场域，针对医护人员的需求组织资源对接，开展评估及关怀服务；联动社区工作者及相关人员，为有困难的医护人员家属提供疫情防护、生活照料等在地服务。

（四）注意事项

社会工作者为医护人员及其家属提供服务时应充分考虑他们的工作特点，结合医护人员及其家属的实际需求提供针对性的服务，同时需要特别注意服务过程中的伦理问题。具体注意事项如下：

（1）及时了解医护人员的服务需求，在不干扰其工作的前提下开展社会工作服务。

（2）了解医护人员的工作性质和工作现状，结合医护人员的工作特点，创新线上服务模式，开展线上陪伴、倾听式服务，不强迫服务对象的及时回应与交谈。

（3）保证服务信息的准确性。识别并推送准确、理性的信息，避免造成医护人员及其家属的恐慌、焦虑、担忧等情绪的蔓延。

（4）根据服务对象的需求不断调整服务模式，增减服务内容，切忌服务流程僵化不变；对志愿者的服务进行督导和研讨，保证服务质量。

（5）遵守法律法规和社会工作伦理。

三、疫情防控工作人员服务指引

（一）工作目标

社会工作者向参与疫情防控工作的前线人员提供心理情绪支援服务，包括对参与疫情防控工作的人员进行心理危机干预培训，使其了解应激反应，学习应对应激、调控情绪的方法。通过预防性晤谈，公开讨论内心感受，提供支持和安慰、资源等，帮助疫情防控工作人员保持心理健康。

（二）工作内容

对疫情防控工作人员进行的危机干预不应是一种单一的服务内容或工作方法，应当采取重大事件压力管理的方法（一种具有综合性、整合性、系统性、操作性的管理方法）。重大事件压力管理包括四部分工作内容，是“四而一、一而四”的整体运作，理想的运作最好包含以下内容：

1. 信息管理与发布

疫情防控工作人员因为全力投入疫情防控工作，相对于其他群众而言缺少时间接收信息。每一点滴的进展对疫情防控工作人员的士气都会产生很大的鼓舞作用。疫情是否得到有效控制，疫情防控进行到了哪一步……每一个问题都应据实告知疫情防控工作人员。得到疫情防控机构的支持后，社会工作者要引导机构负责人做好内部信息整理，向疫情防控工作人员提供即时与滚动的信息服务，让疫情防控工作人员了解疫情防控工作的整体局势。

2. 个人危机介入

通过信息发布，社会工作者要向疫情防控工作人员介绍常见的危机心理反应，特别要向他们提供如何应对个人心理压力的指引，并提供转介的联系方法与服务。在整个过程中，会不断产生新的需要，社会工作者要为疫情防控工作人员提供心理抚慰与疏导的个案服务。

3. 团体危机干预

由于参与疫情防控工作的人员数量众多，涉及的行业也很多，因此团体危机干预必不可少，这种方法可为疫情防控工作人员提供情绪宣泄的机会。安排疫情防控工作人员分享会，让他们在情绪上互相支持，互相学习正确的应对方法，这也是最有效的心理健康教育方式。

4. 社区应对危机能力建设

危机介入的长远目标是在疫情防控工作人员中建立朋辈支持团体。一些疫情防控工作团体，如医务人员、警务人员等，大多已有内部的心理援助中心。通过危机介入服务，社会工作者可以鼓励疫情防控工作人员机构成立朋辈支持团体。

（三）工作方法

1. 个人危机介入方法要点

（1）安定下来。包括介绍情况、建立关系、减少压力源。

（2）承认危机。让疫情防控工作人员说出他们的“故事”，包括事件和反应两部分。

（3）增进理解。使疫情防控工作人员了解其反应是正常的，并在适当的时候予以强调。

（4）鼓励建立有效的应对或行动机制，包括满足基本需求、联系/支持、宣泄性倾诉、提供社会支持、提供资讯、压力管理、问题解决、冲突化解、认知重构、满足精神上的需求、解决经济压力、认可、正常化、构筑希望。

（5）复原或转介。当疫情防控工作人员出现明显症状而无法正常生活时，需要将其转介到下一个照顾阶段。

2. 信息性团体危机介入：危机管理简介会

当危机事件发生后，社会上会出现谣言，导致人心惶惶。成立危机管理简介会是一个专业、有效、正确地回应危机事件的方法，可以遏制谣言、混乱，帮助各方共同渡过难关。危机管理简介会的介入步骤如下：

(1) 集合参加者。尽量以自然团体为单位，如以家庭成员、朋友、邻里或社区为单位。

(2) 提供已知的事件快讯。在这个环节，危机管理简介会的主持人可邀请权威人士做事件的资讯发布。资讯发布要做到简要、准确、清晰；同时，要清楚群众的最大担忧是什么。

(3) 预测、讨论和正常化这一危机事件带来的压力反应。

(4) 针对参加危机管理简介会的服务对象，向他们传授应对个人压力的方法，并给出建议及指导。同时，建议成员采取一些可能对整个社区有帮助的行动。最后，让参与者知道有哪些其他对他们有帮助的资源。

3. 互动团体危机介入：简化解说会

在一个创伤性事件发生后，开展简化解说会是在短时间内为同质群体提供团体互动的重要方式，其方法要点主要有：

(1) 简化解说会必须在创伤性事件发生后 8 小时内进行，多数要在创伤性事件发生后的 2 小时内进行。有时极严重的重大事件的发生，可能会导致简化解说会的开展时间推迟到事件发生后的 12 个小时内，超过 12 小时则用其他介入方法代替。

(2) 简化解说会的时长一般为 20～45 分钟。典型的简化解说会的时长为 20～30 分钟。

（3）只有同质团体才可以参加简化解说会。团体规模通常为 2～20 人。

（4）开展简化解说会的地点应选择中立无干扰的环境。

介入过程如下：

（1）介绍环节。社会工作者介绍参与简化解说会的成员、目的与目标、过程、规则，强调保密性，明确说明这不是心理治疗也不是一个调查，要求参与者全程参与，说明在会议结束后会提供个人支持。

（2）探索环节。请参与者站在自身角度，提供一个关于这个创伤性事件的简短描述；通过聆听与观察参与者，社会工作者判断他们中是否有人在简化解说会结束后需要个人支持。

（3）信息环节。一是消除参与者的恐惧，让他们知道其面对灾难的反应是正常的，是普通人对异常事件的正常反应。二是给出可能会有助于参与者从创伤经历中恢复过来的建议。

四、 哀伤辅导服务工作指引

（一）工作目标

社会工作者提供哀伤辅导服务的工作目标是，为在此次疫情中由丧亲引发的有急性、创伤性哀伤症状的丧亲者提供哀伤辅导支持；同时，为疫情中及疫情结束后，有服务需求的丧亲者及其家庭提供持续的哀伤辅导。

（二）工作内容

1. 简要工作流程

哀伤辅导服务的简要工作流程见表 5－1。

表 5－1 哀伤辅导服务工作流程

步 骤	服务项目	具 体 内 容
第一步	综合性评估	哀伤的风险性评估
		对哀伤辅导的需求评估
第二步	自评协助处理哀伤的能力	专业胜任力
		时间、精力、督导资源等
第三步	进一步的处置	接案或转介给专业人士或机构
		提供相关的社会支持或进行资源链接

2. 疫情中哀伤高危人群的筛查指标

此次疫情中丧亲者若有以下情形，社会工作者在进行哀伤辅导时应给予特别关注：突发丧亲事件、经历多重丧失、面临不可控的死亡情境、丧亲者自己正受到死亡威胁、对逝者的临终关怀需求未被满足、丧亲者仍需战斗在防疫一线、家庭与社会支持不足以及丧亲者属于特殊人群（如未成年人、残疾人等）。

3. 疫情中及疫情后哀伤辅导原则

哀伤辅导的一般原则主要有：① 帮助丧亲者体认失落；② 帮助丧亲者界定与表达感情；③ 让丧亲者无拘束地哭泣；④ 增强丧亲者独立生活的能力；⑤ 阐明正常的哀伤行为；⑥ 提供持续的支持；⑦ 允许丧亲者在哀伤中有个别差异；⑧ 评估转介的需求。

除了遵从一般原则外，在专业服务中还需针对此次疫情纳入特殊原则：① 优先处理突发性哀伤或创伤性哀伤呈现出的情绪问题；② 动态评估哀伤的程度与需求；③ 协助丧亲者完成逝者临终时的未尽事宜；④ 识别有潜在服务需求的丧亲者（预防性）；⑤ 提高哀伤辅导服务的可及性。

（三）工作注意事项

（1）丧亲与哀伤服务应在对患者及其家属进行服务需求评估后开展。

（2）每个人经历的哀伤不同，处理哀伤的方式也应因人而异。

（3）哀伤是丧亲后的正常反应，但若处理不好，则会发展成心理障碍。

（4）哀伤和丧亲辅导是一个长期的任务，有一条个体和文化可变的时间线。

（5）提供哀伤关怀服务的助人者应具有文化敏感性，把临终风俗、丧葬文化等要素纳入考量范围。

（6）提供哀伤关怀服务的助人者需要接受督导、专业支持及继续教育。

第六部分　脆弱人群服务工作指引

一、困境儿童青少年服务工作指引

（一）工作目标

1. 保护新冠感染期间困境儿童青少年的生命安全；2. 消除困境儿童青少年的恐惧感；3. 帮助困境儿童青少年适应疫情期的生活，稳定康复训练成果。

（二）工作对象

1. 居住在社区，年龄未满 18 周岁并存在下列困境的人：

（1）父母双方死亡、重残、重病（包括艾滋病、重症新冠感染）、服刑、吸毒或被强制戒毒、失踪、被法律剥夺监护权、被隔离，或父母一方出现上述情况之一而另一方无法或无力行使监护权，造成照顾能力不足的低保家庭与低保边缘家庭中的儿童青少年。

（2）自身患重病（包括艾滋病、重症新冠感染），或重残、受虐、流浪、脱离监护者。

2. 年龄为 18～28 岁，但因身心疾病，无法自主生活且处于失依状态者。

以下将上述困境儿童青少年统称为服务对象。

（三）工作内容

1. 了解社区内所有服务对象的状况

利用民政系统困境儿童关爱服务体系（未成年人保护系统），结合各地智慧社区平台、社区微信平台或网格员与居民的联系渠道，拉网式收集服务对象的信息，可以将此过程嵌入在社区普查中，但对服务对象给予特别关注，了解服务对象及其家人的感染情况，以及他们在疫情中的暴露情况。对于无法联络到的服务对象，辅导邻里给予其恰当关爱，掌握其身心状况和监护状况，及时发现迫切需要援助者。

2. 落实监护人或临时照顾者

落实所有服务对象的监护人或临时照顾者，并通过此人落实后备照顾者，以备不时之需；确认所有监护人或照顾者具备监护与照顾能力。

若无法落实监护人，则需链接相应的社会组织、儿童福利机构，为未受感染并未与感染者、疑似感染者接触的服务对象提供安置服务，或为其链接亲友或志愿者资源，提供居家照顾；若无法落实照顾者，社会工作者需临时轮值担当照顾之责，直到落实了其他照顾者。

若服务对象为感染者或疑似感染者，则通过监护人或照顾者及时送医并实施医学隔离或治疗，社会工作者按第四部分的服务工作指引为其提供服务；若其家人被确诊为感染者或感染后死亡，或其家人正参与一线医护工作，社会工作者则按第五部分的服务工作指引为其提供服务。

3. 对困境进行分级

按照服务对象的生活自理能力和健康状况进行分级，将重度病残者、生活完全不能自理者作为一级救助对象；将中度病残者、生活自理能力中等受限者作为二级救助对象；将轻度病残者、生活能力轻度受限者作为三级救助对象；将身边有两名以上照顾能力较强的稳定照顾者的三级救助对象列为四级救助对象。此外，应及时将服务对象的信息向上级有关部门汇报。

4. 保障生活和分级服务

监护人或照顾者必须确保所有服务对象的衣、食、住、个人卫生、疫情防护等基本生活情况的落实，以及安全、药物维持、日常康复训练、心理健康等扶助活动的落实，陪伴必须外出的无行为能力和限制行为能力的服务对象外出前，须向其他疫情防控工作人员说明服务对象的情况。监护人或过往照顾者应尽可能为心智障碍者列出包括既往病史、作息安排、特殊行为、出现情绪问题时的表现及应对策略等内容在内的照顾清单，以备不时之需。社会工作者与志愿者可为服务对象提供分级支持服务，定期联络服务对象及其照顾者：与一级救助对象每日联络一次，与二级救助对象每两日联络一次，与三级救助对象每三日联络一次，与四级救助对象每周联络一次。了解和评估服务对象及其照顾者的需求，并提供必要的援助，如对接社区、输送生活与防护物资、提供心理陪护与疏导、链接在线教育资源等，避免服务对象及其家庭陷入信息孤岛和生存困境。

5. 动员、协调和指导社会组织与志愿者

社会工作者应链接和组织家长资源、专业机构、社会组织及志愿者资源，并将其纳入社区应急响应体系。① 成立家长互助小组，利用他们的经验优势，开展互助活动，为服务对象及其家庭提供支持。② 充分发挥各类服务残障人士的社会组织的功能。联合残联、社区的力量，保持与不同类型（视力、听力、语言、肢体、智力、精神和多重）残障儿童及其家庭的联系。③ 动员志愿者尤其是具有有关专业知识的志愿者，协助残障儿童及其家庭克服表达障碍的困难，并协助其联络相关资源。④ 社会组织和志愿者应整理社区资源信息并提供给服务对象及其家庭；整理服务对象及其家庭信息并提供给有关社区和政府机构，社区应优先满足困境者及其家庭的需求。

6. 开展适宜的健康教育

社会工作者应整合志愿者的力量，及时通过多种途径，如智慧平台、推文、微信、社区宣传栏、宣传单页，提供适合服务对象及其照顾者的科学预防新型冠状病毒的知识。社会工作者应尽可能采用语音、文字、图画等多元信息，以方便服务对象及其照顾者获取。知识介绍要简洁精练，忌过多、不准确、不科学的信息，以免服务对象及其照顾者产生抗拒心理和恐慌心理。知识内容应包括有关消毒、咳嗽、佩戴口罩、锻炼、通风、隔离、就诊和心态等方面的正确信息（详见本指引第七部分的相关内容）。

7. 开设适宜的线上亲子空间、儿童成长空间

整合困境儿童青少年的服务资源，开辟网络服务通道。联合专业服务机构和家长资源，为需要定期做干预和康复的服务对象提供网络课程，稳定康复成效、控制情绪。利用多元途径为困难家庭募集电子设备资源，提供设备使用技能培训，使服务对象能够有效获取网络服务。同时利用已有的智慧社区平台、社区微信平台，链接相关资源，提供有趣的、多样化的、适宜不同困境儿童青少年的读物、视频、音频，并促进服务对象参与其他儿童的疫期线上、线下活动（详见本指引第七部分的相关内容）。

8. 准确提供紧急救援联络信息、链接资源

参见本指引第七部分，向困境儿童青少年提供更有针对性的服务和援助资源信息。

二、 独居老人服务工作指引

（一）工作目标

为专业社会工作者针对独居老年群体面对新冠疫情的直接服务提供建议和指导，协助社会工作者保障独居老年人的身心健康，做好疫情防控及相关服务工作。

（二）工作内容

作为社会工作者的主要服务对象，老年群体在此次疫情影响下呈现“易感易重”的特点。特别是对于独居、孤残老人来说，其面临着

信息接收途径闭塞、行动不便及内心焦虑等多种情况，严重影响了他们的身心健康。为了帮助独居老人顺利渡过疫情难关，社会工作者应勇者当先，为弱势老年群体提供具有针对性的专业服务。

1. 担任疫情防控知识的“传播者”

疫情当前，掌握必要的防疫知识对降低新冠感染概率至关重要。在资讯时代，独居老人经常面临数码疏离。由于获得资讯的渠道有限，独居老人经常为信息社会所忽视，部分老人甚至由于视力、听力弱化，远离智能手机、电脑等电子产品，更没有使用其他高端通信产品的便利。独居老人还缺乏成年子女的陪伴，很难掌握有效防控疫情的相关科学知识，容易发生防范不当的情况。社会工作者应在第一时间担当起疫情防控知识的“传播者”，通过“每日一问候”的电话联络，一方面向独居老人说明疫情的严重性，讲解疫情防控健康知识，叮嘱老人勤洗手、少出门、不去人流量大的地方，按时测量体温，出门佩戴口罩等，必要的情况下可通过视频演示正确佩戴口罩的方法、七步洗手法等防疫措施的相关细节；另一方面也可向独居老人宣传当前政府防控疫情的相关政策及救助途径，减轻其心理压力。同时，社会工作者也要在第一时间对接独居老人的防疫物资需求，在需求评估的基础上为老人配备和链接资源。

2. 做好入户走访排查的“逆行者”

孤寡、独居老人通常是社区服务中被重视的群体，有些独居老人需要多种居家养老服务，但是在疫情防控期间，社区资源非常紧张，很多日常基本服务，如送餐、助浴、保洁等都由于疫情的暴发而停止或大大减少。为了解社区独居老人的紧急和首要需求，在做好自我防护、合理评估社区疫情发展阶段的基础上，部分地区的社会工作者可成立“防控前线团队”，做好独居老人的服务保底、保基本工作。在必要情况下，团队成员轮流担当“逆行者”，联合社区工作人员开展间隔性的入户走访排查工作。一方面，社会工作者要做好排查记录，上门为其测量体温。若发现困难老人，为其提供口罩、一次性手套、洗手液等物资，并示范正确佩戴口罩的方法；若发现疑似患者，应第一时间为其链接相关入院及救助资源。另一方面，社会工作者也应做好对独居老人的动态需求掌握及跟进工作，定时上门了解情况，为其提供或链接所需资源及相关帮助。

3. 兼任日常生活用品的“代购者”

受疫情影响，某些地区的许多居民区实行了封闭隔离措施，如每家每两天仅允许一人外出采购生活用品等。独居老人面临很多突发困难，就连日常采购生活用品也成为难以完成的任务。没有社会工作者或志愿者的帮助，频繁外出又会增加感染的概率，再加上有些独居老人身体不便，因此独居老年群体的日常生活用品采购成了亟须解决的问题。针对这种情况，社会工作者在了解了老人的需求后，应扮演“代购者”的角色，定期帮助社区独居老人采购食物、洗漱用品、口罩和酒精等物品，并保障快速运送到户，使独居老人不因缺乏日常所需而生活困难。

4. 成为心理援助的“守护者”

随着病毒的传播，疫情范围不断扩大，人们的恐慌和焦虑情绪也愈来愈重。尤其是对抵抗力低下的老年人来说，其感染概率大，重症风险高，并极易因新冠感染引发多种并发症。独居老人因为社会支持较弱，还担心一旦染病无人照顾，有很大的心理压力，极易陷入绝望情绪中，这无疑增加了他们的恐慌与焦虑。为了有效应对此类情况，社会服务机构通过链接和统筹专业资源，集合专业力量开通心理援助热线，通过电话专人专线慰问的方式，给予独居老人心理援助和支持。

5. 做好特殊时期的“赋能者”

独居老人有很多综合性的需求，社会工作者作为资源链接的专业人才，应在全面评估老年人需求的前提下，设计复合性的社会支持方案，创造条件，利用音频和视频终端为独居老人开展团体性的日常支持，做好特殊时期的特殊支持。要注意的是，很多独居老人不熟悉现代通信工具，社会工作者要用他们能接受和方便他们使用的方式为其提供服务。

综上所述，对独居老人这个特殊的群体，社会工作者在疫情特殊时期需要做好多方面的准备，在合理评估的基础上，有效关注和对接其需求，采取行之有效的方法，为独居老人赋能，与他们一起安然抗“疫”。

（三）工作注意事项

（1）特殊时期要特别关注独居老人，在已有健康档案的基础上对其做身体、心理方面的系统评估。对评估情况有危险的独居老人，要及时寻求对策，根据需求采取果断措施，如心理焦虑是否需辅以药物来干预；再如对生活不能自理的独居老人，应尽量对接合适的院舍和机构进行安顿等。

（2）此次疫情提醒社会工作者，平时要有针对性地提高独居老人群体的数字健康水平，如向他们传授智能手机的使用方法，以提高其健康信息获取能力。

（3）社区工作者需要促进独居老人对自己健康风险和其他脆弱点的了解，建立独居老人个人慢病档案，提高他们的自我管理能力。

（4）及时为独居老人遴选并传播准确的有关疫情的信息。

三、 低保及低收入家庭服务工作指引

（一）工作目标

家庭是所有家庭成员聚集的场所之一，家庭疫情防控工作的有效

开展是确保疫情防控工作顺利推进的关键。低保（收入性贫困）家庭和支出性贫困家庭由于家庭自身能力不足，以及经济、信息等方面的匮乏，在应对风险时家庭弹性不足，容易产生更多的危机。因此，服务低保及低收入家庭的工作目标主要是：缓解家庭生活的实际困难，使家庭成员掌握疫情防控相关知识和技能，提升家庭自我成长能力，预防和干预家庭危机事件。

（二）工作内容

1. 家庭基本生活保障服务

联合社区、街镇、辖区企业及社会组织，为低保和低收入家庭开展送物资和送防护等实质性服务。一是送物资，在确保低保和低收入家庭享受社会福利政策的同时，为他们提供一些低价产品和保供产品。二是送防护，拓宽物资发放渠道，为低保和低收入家庭适量配发或代买口罩、酒精、消毒液、一次性防护手套等防护用品。三是搭建平台，鼓励支持社会力量参与社会救助服务，可以联合行业协会、商会、慈善公益社会组织等，为生活困难群体提供救助帮扶。

2. 社会资源链接与整合

低保和低收入家庭的社会资源相对匮乏，新冠感染疫情对他们的影响更为直接，具体包括低保和低收入家庭的孩子线上学习资源匮乏，办公及通信设备老旧导致家庭成员获取的信息资源不足等。

（1）新冠感染疫情导致开学时间延迟或者暂停开学，各地均采取网上授课和线上提交作业的方式开展教学工作。社会工作者可以与社区（村）、物业及社会组织合作，为低保和低收入家庭的子女开展线上教育提供配套服务。包括线上教育基本设施保障及线上课程配套具体服务，涉及作业免费打印等实质性服务，通过“无接触”配送方式，解决低保和低收入家庭子女的学习硬软件问题。通过网络平台，在社区、高校招募志愿者，为低保和低收入家庭子女的线上教育提供支持性服务。

（2）新冠感染相关知识的多渠道普及。新冠病毒在不断变异，如奥密克戎病毒的毒株隐匿性、传播力更强，感染者症状相对较轻，重症较少。不少居民不清楚“足不出户”疫情防控政策的重要性，不理解基层工作人员的相关工作，社会工作者可通过社区广播、海报、微信群组、短信等多种渠道向低保和低收入家庭宣传疾病防治知识、防护要点、社区疫情防控工作安排、社区防控情况、社区相关服务渠道等信息。

3. 家庭自我能力提升服务

低保及低收入家庭存在更多家庭沟通、家庭功能方面的问题，新冠感染疫情的暴发使更多的隐性问题显性化。社会工作者可以利用小程序、公众号开展家庭自我能力提升居家活动、知识讲座、团队辅导和个案咨询等服务。家庭成长能力包括家庭沟通能力、家庭抗风险能力、家庭管理能力、家庭教育能力等，社会工作者在丰富低保和低收入家庭的家庭成员居家生活的同时，应注意提升其处理相应问题的能力。

4. 开展情绪疏导等关爱服务

疫情导致不少小区被封控，低保和低收入家庭因面临不同问题导致家庭成员情绪紧张和精神压力增大。例如，大病医疗的对象因为封控无法如期前往定点医院就诊，导致部分医药费需要自付；面向集中供养和分散供养老人的服务通道也随之减少。这些具体的问题无疑会导致服务对象的焦虑、压抑。同时，面对解封时间的不确定，服务对象容易产生愤怒、敏感、焦虑等情绪。社会工作者和志愿者可利用社会工作服务机构、心理咨询服务机构的专业优势，通过电话、网络等方式为低保和低收入家庭的成员提供心理慰藉与情绪疏导等关爱服务。

5. 危急事件紧急干预服务

在社区层面或社会组织发展较为成熟的地区，建议在公众号或其他平台设立求助中心或者互助平台，当家庭成员遇到重大危机、资源断裂或情绪失控时，社会工作者可以在求助平台上提供相关的支持性服务。通过评估，对确实需要上门服务的家庭，社会工作者在做好防护措施后进行上门服务。

（三）工作注意事项

1. 识别低保和低收入家庭的新需求

在对新冠疫情进行防控排查的过程中，社会工作者要关注社区（村）中既有的低保对象和低收入家庭的新需求，通过电话、微信等方式进行沟通，防止问题扩大。更要及时发现疫情防控期间新形成的低收入群体，特别是因疫情影响无法复工导致基本生活出现困难的人员等特殊群体。

2. 注重传统服务方法和互联网服务的结合

新冠疫情防控期间，线上服务是对传统服务的有力补充，也是未来新的工作形态。对低保和低收入家庭而言，由于互联网设备不足，他们更多依赖传统的服务形态。建议重视电话、电视、广播和宣传栏等宣传手段，必要时，可做好防护工作后开展小规模的上门服务。

3. 注重激发低保和低收入家庭的内在动力

在开展服务的过程中，一方面要注重提升低保和低收入家庭的参与度，增加他们与社区的联结；另一方面要建立低保和低收入家庭之间的互助群，丰富资源供给系统，提升他们自我解决问题的能力。

4. 避免对低保和低收入家庭的污名化

在开展服务时，首先应将低保和低收入家庭视为普通家庭，减少污名化；其次，在日常服务中进行需求甄别后提供差异化、个性化的服务，兼顾他们的普遍性需求和差异性需求。

四、残疾人服务工作指引

（一）工作目标

疫情之下，残疾人因其身体或精神方面的特殊状况更容易暴露出脆弱之处，从而受到更大的影响。社会工作者要对这类群体予以特别关注，并积极为其提供协助。在疫情发展及防控的不同阶段，残疾人的需求也会有一定的变化，社会工作者要及时根据疫情的发展情况和国家及地方政府防控措施的变化，不断调整工作目标。

1. 疫情发展及防控前期的主要目标

这一阶段的主要目标是紧急救助、公众倡导与资源链接。疫情发展初期，防控措施更多地针对确诊患者和危重症患者，以及普通民众的一些共性需求。残疾人因为属于小众群体，其困难和需求可能无法得到及时的关注，例如残疾人常规性的康复训练或治疗，对主要照顾者的特别依赖等，可能会受到疫情防控措施的影响而陷入突发困境。同时，他们当中的听障、视障或精神障碍人士，因为无法像普通人那样及时、准确地获取有关疫情的相关信息，或即使及时获取了相关信息，也很难依靠自己做出迅速、正确、有效的应对。此时，社会工作者可以通过各种渠道向大众呼吁和倡导，请求疫情防控的决策部门、政府管理部门和社会各界关注残疾人及其家庭在疫情来临时所遭遇的照顾困境与生活风险；同时，快速甄别需求并积极链接资源，为陷入突发困境的残疾人提供紧急医疗救助、疫情防控救助或生活救助。

2. 疫情发展及防控后期的主要目标

这一阶段的主要目标是情绪安抚、居家支持与照顾援助。疫情发展后期，随着更加周全的防控措施的逐步落实，残疾人自身的特殊防护需求及疫情期间的特殊照顾需求逐步得到了政策制定者和社会各界的重视与回应。此时，残疾人与其他群体一样，面临长时间居家的生活适应、情绪安抚与照顾援助等问题。社会工作者可以根据残疾人的不同需求链接资源，或通过发掘残疾人个人及其家庭的优势或潜能，逐步提升残疾人及其家庭长期居家隔离的照顾能力和生活适应能力。

（二）工作内容

疫情防控期间，社会工作服务要依据疫情发展的阶段性特征和残疾人需求或问题的紧急程度、重要程度等有序进行。

1. 紧急救助

疫情的暴发及防控措施的推进，会使一些残疾人陷入突发、紧急的生存或照顾困境，譬如家庭主要照顾者由于被集中隔离或进行治疗而给残疾人带来的照顾缺失或生活困难，交通阻断后常规康复训练和治疗的中断等。社会工作者可以为陷入突发困境的残疾人及其家庭提供疫情防控救助、生活救助、医疗救助等紧急救助和困难帮扶。

2. 危机干预

疫情暴发初期，在防控措施暂时无法顾及小众群体时，社会工作者要快速、准确地识别可能出现的残疾人照顾方面的危机情境和危机事件，通过提供协助、回应需求、疏导情绪、链接资源、紧急救助等方法，及时化解个人危机或群体危机，避免产生更严重的后果。

3. 公众倡导

疫情暴发初期，公众的注意力及防控措施会向确诊患者、危重症患者及广大人群的共性需求倾斜，因此可能暂时无法顾及残疾人等小众群体的需求。社会工作者需要及时、全面地了解残疾人及其家庭在疫情防控、就医、健康、生活等方面的困难与问题，并通过多种渠道主动向社会公众发布和传递信息，积极呼吁和倡导社会各界关注、回应残疾人的特殊困境与需求，以便他们得到及时的救助与支援。

4. 情绪安抚

根据疫情发展不同阶段的特点，或根据残疾人在不同处境中表现出来的情绪状况，提供适合残疾人特点的情绪表达、情绪识别、情绪疏导和情绪安抚服务。例如，可以采取游戏、绘画、音乐等方式，缓解或安抚残疾人的恐慌、担忧、愤怒、焦虑、烦躁、无助、悲伤等情绪。

5. 资源链接

通过多种渠道主动发布残疾人在疫情防控期间的求助信息，多方筹措物质和人力等资源，为有需要的残疾人及其家庭链接所需的疫情防护、康复训练、医疗救治、生活物资、居家照顾、情绪疏导等资源与服务。

6. 居家支持

尽管残疾人群体可能比其他人群的长期居家适应性更强，但是原有的康复训练、常规治疗、居家照顾等难免会受到疫情发展与防控措施的影响。除了链接资源、提供援助外，社会工作者还可以通过线上、线下等多种支持方式，发掘残疾人个人及其家庭的优势或潜能，不断提升他们对长期居家隔离生活的适应性和应对能力。

（三）工作注意事项

1. 良好的信任关系是开展服务的前提和基础

如果社会工作者平时就从事残疾人服务，对残疾人的生活状态和身心特点较为熟悉，并且和服务对象、所在社区及相关部门等建立了良好的信任关系，此时就很容易参与到疫情防控的残疾人工作中来，并有机会针对残疾人及其家庭开展危机干预、紧急救助、情绪安抚、居家支持等专业服务。当然，由于疫情的发展，一些社会工作者可能需要进入陌生的残疾人群体和社区开展工作，此时一定要特别注意先从建立信任关系开始。例如，可以从残疾人比较关注的日常照顾、康复治疗或大家都关注的疫情信息切入，逐步表现出自己的关切和专业性，在信任关系建立之后，再开始必要的干预工作。疫情防控期间，熟悉残疾人的身心特点和生活状态、具有医学方面的工作经验或掌握一些基础性的医学知识，将有利于信任关系的快速建立。

2. 避免进一步弱化残疾人，注重赋权增能

残疾人平时就属于社会弱势群体，在疫情防控期间，他们可能因为环境的变化而显得更加脆弱，但是他们也像普通人一样，有自己的潜能和优势。疫情的暴发，可能会在一段时间内影响到残疾人及其家庭原有功能的正常发挥，一旦度过最初的无序和忙乱阶段，他们会逐渐展现出自身应对危机和挑战的潜力。因此，社会工作者需要留意和发现残疾人及其家庭在应对疫情过程中逐步表现出来的优势和潜能，如面对疫情的幽默、乐观，居家隔离的学习能力和创造力等，从最开始的关心、安慰，到后续的肯定与鼓励、支持，不断增强他们克服困难、战胜疫情的心理能力和精神动力。

3. 顺势而为，大力倡导残疾人的权益保障

疫情发展及防控期是正常工作与生活暂时停摆的特殊时期，平时不一定被大家关注的人物和事件在疫情防控期间有可能被指数级地放大，从而家喻户晓、影响广泛而深远。社会工作者可以借助这一机会，将一些具有代表性的残疾人在疫情防控期间的生存困境和生活困难，以及他们应对疫情的顽强生存能力和自强不息精神，通过各种传播渠道展示在公众面前，形成热点事件，引发集体讨论，从而实现平时难以达到的公众教育和政策倡导效果，将残疾人的权益保障和专业服务提升到一个新台阶。

第七部分　儿童青少年、老年人、家庭和社区服务工作指引

一、儿童青少年服务工作指引

（一）工作目标

1. 保护新型冠状病毒流行期间的儿童青少年的生命安全；2. 增强儿童青少年的健康意识，促进其身心健康；3. 提升儿童青少年对疫情期生活、学习的适应力；4. 提高儿童青少年的情感素质，增强其社会责任意识。

（二）工作内容

1. 健康教育与健康促进

随着疫情发展和防控措施的变化，疫情防控知识需及时更新。社会工作者应运用多种途径，如智慧社区平台、推文、微信、社区宣传栏、宣传单页等，提供适宜不同年龄段儿童青少年的科学预防新型冠状病毒的知识。知识介绍要准确、简洁、精练，忌过多、不准确、不科学，避免让儿童青少年产生抗拒心理和恐慌心理，最好能做到图文并茂，开发音频、视频宣传品。具体宣教信息应包括：正确消毒，正确咳嗽，正确佩戴口罩，正确锻炼，正确通风，正确隔离，正确就诊，正确外出以及保持在疫情防控时期的健康心态。

2. 发现儿童青少年的问题，了解其需求

利用智慧社区平台、社区微信平台或网格员与居民的联系渠道，收集儿童青少年在疫情防控期的需求和问题信息，了解儿童青少年本人及其家人的感染与接触状况。对无法联络到的服务对象，辅导邻里相互关爱，以非接触方式联络邻居，掌握儿童青少年状况，及时发现

需要援助的儿童青少年。链接资源，开发简易 APP 收集信息，避免增加接触可能导致的交叉感染。若儿童青少年已为感染者或疑似感染者、困境者，社会工作者需分别按照本指引中的第四部分与第六部分提供服务。

3. 协助儿童青少年适应长时间居家生活和学习

虽然疫情防控措施已初见成效，但是新型冠状病毒的流行风险仍然较高，居家生活和学习在一段时间内成为儿童青少年的常态。社会工作者应引导他们建立当下自我约束的生活和学习与社会责任担当之间的关联，学习在疫情中关心自己的内在、关怀他人、感恩社会。

鼓励儿童青少年将健康教育和健康促进的知识转变为日常生活中的积极行动。社会工作者可有选择性地为其推送有益于他们放松心情、减少焦虑和抑郁、有助于睡眠的视听资源、运动方式，如呼吸训练、放松训练，呼吁儿童青少年与家人共同营造轻松适宜的居住环境，提高其自我解决生活问题的能力。

社会工作者需提醒学龄期儿童青少年密切关注学校开学信息，并主动联络学校老师、同学，学习有关网络课程，及时学习和消化有关学习内容，合理安排预习、复习和习题演练，适应居家学习的方式。招募高校志愿者，向不能适应网络课程的中小学生提供细致的学业辅导；倡导中小学建立师生网络互动平台和学生互动平台，及时关心学生，协助他们处理学业难题，提高其自主学习能力。

4. 开通线上亲子空间、儿童成长空间

利用已有的智慧社区平台、社区微信平台，链接相关资源，提供有趣的、多样化的儿童读物。引导家长和儿童青少年分享积极的抗击疫情和安度疫情高发期的经验，以绘画、诗歌、作文、手工制作、歌唱、讲故事等方式表达他们在疫情防控期间的观察、感受、愿望、创意和理想，以视频、图片等形式在网络平台上进行分享，增强亲子间、儿童青少年间、家长间的交流和理解，使儿童青少年更多地在疫情中享受并表达更多的亲情、友情和社会情感，提高其情感素质。再结合听音乐、阅读、做家务等活动来缓解儿童青少年焦虑、烦闷的情绪。为无法利用电子资源的儿童青少年募集移动电子资源，并保障其顺利参与成长空间。

5. 准确提供紧急救援联络信息、链接必要资源

利用智慧社区平台、社区微信平台、社区公告栏、楼栋宣传栏等多渠道发布儿童青少年服务机构和医疗机构的联络信息、地理信息、儿童青少年专干的联络方式等有关信息和链接，及时将社区内的特殊儿童青少年信息向上级相关部门汇报。当辖区内相关服务资源无法满足儿童青少年所需时，须及时向上级部门汇报情况，争取社区外援助，同时积极开展社区内资源动员，保障儿童青少年的需求能够得到及时满足。

二、 老年人服务工作指引

（一）工作目标

据医学临床观察报道，老年人是最易感人群之一，出现危重病例的概率较高。本指引为专业社会工作者针对老年群体面对本次疫情的专业服务提供建议和指导，以赋能社会工作者协助保障老年人的身心健康，做好疫情防控相关工作，打好这场无硝烟的战争，为依法、科学、有序推动疫情防控贡献专业力量。

（二）工作内容

1. 针对社区内老年人的服务

（1）运用科学方法，动态识别需求。

社区内的老年人是重要的防疫服务对象之一，社会工作者在抗

“疫”初期应以社区为单位，运用专业方法，从身体、心理、精神、社会健康等多维度全面梳理居民需求，并组织人力资源，针对需求进行分析和对接，制订方案，分工合作，满足疫情中老年人群体的需求。疫情防控期间，随着防控政策的阶段性变化，还要持续跟进老年人群体的动态需求。调查后得知，疫情防控中老年人群体的需求主要有：① 生活物资和医药物品；② 突发疾病治疗；③ 锻炼身体和健康管理；④ 亲人陪伴交流；⑤ 学习和掌握健康码、行程码的操作；⑥ 减少乃至消除数字化公共服务使用障碍；⑦ 失能、行动不便老人的照料；⑧ 社交娱乐。

以上需求随老年人群体的差异、防疫阶段的差异呈动态变化，需要社会工作者实时了解，动态评估、梳理和跟进。

(2) 科学防护知识普及，防控工作信息更新。

数字社会中，老年人群体的信息获取途径相对匮乏，多数老年人较难通过互联网获取疾病知识、识别有效信息、获取生活资源。疫情防控期间，老年人需要知晓新型冠状病毒及防控的相关知识、工作进展、政策与资源，以减少焦虑、正确防护。因此，社会工作者应借助各种渠道，第一时间向老年人及其家人普及有关抗疫的医学常识、防护知识。① 针对部分老年人对疫情存在认知偏差、过度恐惧或侥幸心理等情况，社会工作者应该协助其在端正视听的基础上，建立正确的认知，做到既不过度疑虑，又不心存侥幸，客观看待疫情的发展。② 协助老年人树立科学的防护观念，如少出门、勤通风、勤洗手、出门戴口罩、避免接触不明陌生人、适当居家运动，指导其健康合理膳食（如多吃新鲜的蔬菜水果，保证足量饮水，杜绝食用野生动物，少食辛辣刺激的食物）等，通过宣传单页、微信公众号、微信群、居民楼公告等途径，以老年人喜闻乐见的方式指导其做好自身防护，营造良好的居家氛围。③ 互联网上的信息真假难辨，且部分老年人缺乏对信息的准确判断，故而社会工作者还应向老年人及其家人及时澄清网络谣言，传递正确信息，避免偏听偏信。④ 不少老年人对部分疫情防控政策的实施逻辑并不理解，社会工作者需做好功课，在充分理解科学防疫政策的基础上，为老年人答疑解惑，促使其理解和配合社区防控工作，并持续向社区居家老年人告知疫情防控进展，包括社区物资是否充足、预计何时解封、如何获取社区的资源与支持等，从而有助于其更合理地规划居家生活，打消不必要的生活顾虑，科学抗疫。

（3）通过多元赋能，建立社会支持体系。

老年人群的社会支持体系相对简单，亲人朋友是其主要的社会关系。疫情不仅拉大了人与人的空间距离，还数倍放大了老年人在数字鸿沟中的劣势地位。疫情防控期间，老年人出行受限，缺乏面对面交流的机会，部分不会使用智能手机的老年人不善于利用互联网软件进行社交与娱乐，老年人与外界的联络大大受限。此时，社会支持体系尤其重要，社会工作者应当适时关注老年人群在这个特殊时期对社会支持网络的需求。一方面，可鼓励独居老人的家人通过电话或视频多关心老人，及时掌握老人的情绪状况，疏导不良情绪；另一方面，还要帮助老人打消“不添麻烦”的思想顾虑，鼓励他们主动求助家人，利用政府、社会组织等提供的公共支持资源，应对疫情危机。此外，社会工作者应为老年人赋权，充分依托其家庭、朋辈网络，通过多元途径，使老年人群加入线上互动组织，在一定程度上维持其社会参与，以帮助他们了解信息、寻求帮助，从而保持身心健康。

（4）预防和排摸心理不适，提供疏导与支持。

疾控中心的专家表示，新型冠状病毒传染性强，即便在家不出门，或居住于低密度社区，依然可能感染病毒。人们对自然灾害会产生应激反应，而老年人群体更是应激易感人群。他们的社会资源比较少，对紧急事件的情绪处理能力有限，网络信息的传播与突如其来的社区封控，都可能使老年人对疫情发展趋势持悲观态度，尤其加重了身患慢病老年人的心理压力，其甚至产生恐慌、焦虑、抑郁及一系列躯体化症状。对此，社会工作者首先需要理解和尊重老年人群的情绪，不可将理性思维强加在老年人的情绪反应上。其次，应当使用简明可靠的工具，及时评估老年人及其家属的心理健康状态和身体健康情况，分层提供干预资源：① 对于普通老年人，以预防性干预为主。比如每日打电话询问其身心状况，积极倾听与同理居家老年人的负面情绪，并告知其相关疾病防控知识，澄清不必要的疑虑。② 对于评估发现的疑似危急人群，需要动态跟进，进行综合评估。同时向其提供心理援助的有效途径，如通过视频电话等新媒体工具，教导老年人进行放松训练、冥想等。③ 对于老年新冠感染患者及其家属，要有针对性地开展危机干预与心理支持服务，提供心理疏导、焦点治疗、音乐干预等专业支持，以协助老年人稳定情绪，缓解自责与焦虑，纾解病耻感，提升治疗信心。需要注意的是，如果评估结果显示所需服务的专业水平要求在社会工作者自身能力之上，应及时对接恰当的专业资源（如心理咨询师、精神科医生等），为服务对象提供所需服务，千万不可盲目高估自身能力。

（5）链接资源，保障社区居家防疫。

居民区人员密集，需要格外注意对居民的日常筛查，加强防护工作。老年人在核酸检测、健康自测及生活安排等方面存在诸多不便。一方面，对接社区的社会工作者要积极配合社区，有序引导老年人参与核酸检测，通过单独通知的方式确保老年人能及时了解社区疫情防控安排（如核酸检测时间、地点），协助老年人进行核酸登记，酌情优先为老年人进行检测，为老年群体在抗原自测盒发放与使用上提供必要的协助与指导。另一方面，有些社区封控后居民行动受限，无法外出采购生活必需品，社会工作者应发挥专业力量，链接志愿团队等人力资源，保障居家老年人的刚性需求，如助餐、买菜、购物、用药等。此外，防疫常态下，社会工作者需在遵守街道、机构的防控措施的前提下，灵活多样地为老年人提供必要的服务与支持，如协调志愿者、邻里资源等针对性地提供代买服务，为老年人配送食品、口罩等物资；及时与对应的医疗机构、社区医院保持联系，实时上报社区老年人的身体状况；酌情安排家政、维修、快递人员等为老年人提供上门服务；开发线上集体性服务，为老年人提供必要的支持，打通老年人居家防疫的“最后一公里”。

（6）关爱特殊老年人群体，提供个性化支持。

疫情防控期间，受人、物流动的限制，独居、高龄、残障、失能、孤寡等特殊老年群体的照护资源相对短缺，其需求出现了较大变化，社会工作者应做好预案，避免出现老年人因缺乏必要的照护或支持而陷入危机。对此，社会工作者应开展以下工作：① 对接所在社区为老服务部门，有条件的社区可以通过社区智慧养老平台，排摸社区内独居、高龄等老年人的动态信息，建立特殊需求老年人群体的分组档案，以精准对接服务需求。② 组织志愿者等人力资源分工合作，设立专线，及时接听有特殊需求的老年人及其家属的来电，协助他们解决问题。③ 对于有特殊要求或困难的老年人，要对接专人，重点对接专业社会工作者，关注特殊老年人的身心健康，为其提供医疗资源支持、心理支持、社会支持。④ 成立任务导向的服务小组，对于疫情防控期间需取药或外出就医的患病老年人，对接助医小组，协助收集社区配药、就医需求，链接医疗机构的有关资源，保障老年人用药、就诊的持续性；对接沟通小组，对于需要居家护理的老年人，应根据属地防控要求，建立走访探视和关爱服务制度，协调人力资源解决其在生活照料方面的困难。⑤ 社会工作者应酌情对老年人的家庭照料者给予关注，必要时通过专业方式开展照料者支持或者喘息服务，以保持疫情防控中健康愉悦的照料关系，帮助他们为有特殊需求的老年人群体提供更有效的支持。⑥ 对接社区和机构照护的通道，对于社区内疫情防控期间缺乏基本照护资源和自理能力的老年人，应该及时安排其转移到相对独立于居民区的养老机构，因为社区老年人照护中心和社区嵌入式小型照护机构是疫情防控的典型薄弱环节，紧邻居民密集区的各类养老机构在疫情防控期间应另行安排。

（7）秉承优势视角，鼓励老年人关爱互助。

疫情防控过程中很多老年人也发挥了助人力量，社会工作者应该秉承优势视角，在科学合理、保障安全的前提下，以社区需求为导向，链接有意愿、有能力的老年人力量，对接服务其他有需求的群体。比如与相邻的老年人家庭结对，鼓励邻里之间通过电话、微信等方式互相问询关照；又比如组织有心理慰藉经验的老年人对接关爱年龄相仿的、有心理疏导需求的老年人（或其他）群体，开展形式灵活的对口帮扶，使老年人平等地参与疫情防控，为疫情防控贡献自己的一份力量。

2. 针对机构内老年人的服务

疫情防控期间，养老院舍、照护机构管理任务艰巨，由于院区老年人集中，疫情暴发风险更高。驻院社会工作者应当发挥专业作用，积极引导和做好机构、院区防疫工作。

（1）科学防疫管理，保障机构安全。

驻院社会工作者应在疫情防控期间敏锐觉察特殊时期的各种管理

隐患，协助院方制定科学的防疫管理制度，尽最大可能保障各方的健康安全。① 应在养老机构内推广分区管理，在每个区域内安排相对固定的服务人员和相对固定的入住老年人，并保障一定的公共服务区域，以保障养老机构能相对平稳运作，或者部分继续运作，避免因一例确诊病例而致全员密接、工作停摆。② 制定防疫期间的特殊规则，要求入住养老机构的老年人和工作人员，包括探视家属及其他相关人员完整接种新冠疫苗，出示电子接种码。③ 对于不愿意接种疫苗的老年人，家属可以把老年人暂时接回家里照护，院方提供因人而异的协商和选择制度。

（2）推广疫苗接种，筑牢健康防线。

在机构、院舍内居住的老年人群普遍高龄，基础疾病较多，抵抗力较差，是感染新冠病毒的高风险人群。当前，疫苗接种仍是构筑全民免疫屏障的最有效措施。驻院社会工作者应当协助院方向住院老年人科普接种疫苗的重要性和必要性，了解和登记接种意愿。进而协助院方链接资源，为老年人集体约种疫苗。在接种过程中，社会工作者可协助医生为老人们做好准备工作，讲解注意事项，并引导留观。

（3）链接资源，保障常规医疗健康需求。

在疫情防控常态化的新形势下，因资源获取的渠道受限、家属不便探望等导致机构内老年人保健、康复、护理、救治等健康需求增多。驻院社会工作者需要协助院方以多种方式向老年人传达疫情防控信息与自我防护知识。有条件时，可协助院方链接附近的医疗资源开展在线问诊、远程诊疗、爱心上门助医等服务。

（4）关注照料双方，助力提高生活质量。

封闭式照料环境下，机构内面向老年人的服务容易出现问题。疫情防控常态化形势下，养老机构实行封闭式的管理制度，家属探望受限，无论是机构内的老年人还是护理员都处在高压环境下，老年人的心理问题、护理员的情绪问题都更易发生。社会工作者要及时采用专业方法，提供心理疏导、情绪舒缓等方面的预防、干预、跟进服务。

（三）工作方案

1. 分工分层，精准高效

在需求评估的基础上，以功能社区为单位，发动社区在地资源，以任务为导向，分工分层组建专业服务团队和专门工作团队。例如，可以成立健康服务对接组、知识科普任务组、防疫技巧任务组、数码技术协助组、心理调适任务组、测量评估任务组、物资协调沟通组、社会支持任务组、特殊问题应急组、危机干预任务组等，各组分工合作，形成闭环功能，从而更精准高效地满足老年人群防疫期间的需求。

2. 聚集智慧，充足准备

社会工作者团队应在尽可能广泛的团队里建立互助群，进行专业帮扶、物资分享、资源链接、疑难问题处理等各方面的互助交流，以对疫情防控中的各项工作有更科学的应对方法和专业技巧。在临床实践中，要准备好相应老年人服务工具，比如评估工具《日常生活能力量表》《老年抑郁量表》《老年人居家安全查对表》，以及防疫服务部门电话表、紧急预案联系人通信录等。

（四）注意事项

（1）疫情变化迅速，导致各环节工作量翻倍，社会工作者需要转变服务理念，增加服务供给，创新服务手段，提高服务能力。

（2）社会工作者在服务老年人群体的过程中要注意使用老年友好的语言，与老年人更有效地沟通，建立良好的专业关系。

（3）在服务过程中，社会工作者要注意保证服务对象信息的隐私性，不随意与他人分享服务对象的信息，考虑采用编号的形式记录需求、安排工作，恪守专业伦理。

(4) 社会工作者应特别关注老年患者的病耻感，弘扬社会包容理念，首先要看到“人”，再去应对他的“病”，通过科学防疫的态度和方法，消除老年患者对疾病的排斥和恐惧。为预防和修复疫情可能造成的人与社会的疏离贡献专业智慧。

三、家庭服务工作指引

(一) 工作目标

新冠病毒传播具有明显的聚集性特征（如在家庭、医院和超市内传播），可在短期内形成大的流行，但通常造成大范围传播的前提是先在小范围人群（如在家庭、医院中）内引起流行，然后再发生重叠、交错，因此在家庭中开展以家庭为中心的健康教育和家庭成长服务是预防新冠病毒感染的重要内容。其工作目标为：提升家庭成员对传染性疾病的健康认知、丰富家庭生活，促进家庭成员间的有效沟通及链接相应的资源。基于现有的“无接触”服务，面向一般家庭的服务以公共服务平台、社区公众号、微信群和打卡的形式开展。对确实需要直接服务的家庭，可以提供线上一对一的咨询服务，或在有防护措施保障的前提下开展上门服务。

(二) 工作内容

新冠感染疫情防控期间的家庭社会工作服务是指以家庭整体及其个别成员为服务对象，以满足家庭生存性和发展性需要、维系家庭整体良好运转为目标的服务总称。根据马斯洛需求层次理论，面向家庭的服务分为四个层次：基本生活服务、照料服务、教育类服务和精神文化生活服务。疫情防控期间，部分市场化的需求回归到家庭内部，这种转型既需要家庭成员之间形成共识、分工协作，也需要外部力量的支持。

1. 家庭生活资源链接服务

社会工作者通过微信群及线上调查的方式了解到，家庭日常生活中面临的主要问题包括家庭保洁、购物、维修服务等日常生活的市场化途径中断，就医过程复杂等。社会工作者需要充分利用互联网的相关信息，形成家庭自我服务清单，包括日常购物、就医预约指南、维修和保洁等，让可以使用互联网的家庭利用 APP 和相关网页完成资源链接。可以研制“买菜工具包”和“家庭维修指南”等工具指引。针对老年人家庭，社会工作者可联合物业或其他组织采取集中采购等便捷化的服务方式，尽量以“无接触送货”等方式满足老年人家庭的日常需要。

2. 以家庭为中心的健康教育活动

家庭健康教育活动主要包括传染性疾病知识学习、防护方法掌握，以及居家锻炼等相关服务。例如，利用社区公众号、微信群及楼道宣传栏等媒介宣传新冠感染的疾病知识和防护方法，并通过打卡小程序和问卷星的形式开展线上知识竞答等，让家庭成员了解新冠病毒的传播渠道和防护小贴士；开展“新冠感染疫情防控期间负面情绪化解”或“积极心理学”的相关小讲座，通过各种推送渠道传递给不同家庭；建议推送健康健身打卡的小程序，以家庭为单位进行打卡训练。

3. 美好家庭自我管理服务

新冠感染疫情延长了家庭成员的相处时间，这影响了家庭的平衡，甚至滋生了各种矛盾。建议社会工作者利用各种平台，提供家庭成员可以共同完成的任务清单，包括家庭日常生活清单、家庭精神文化活动清单等，让普通家庭及其成员尝试通过共同完成一些任务，在解决日常家庭需求（如美食、保洁等）的过程中感受积极体验，体悟面对面可建立的有意义的联系。同时开展锻炼、手工、收纳等家庭兴趣类项目，填充家庭时间，培养家庭成员的共同兴趣。社会工作者在提供家庭管理服务的过程中，要把知识普及和技能训练结合起来。

4. 居家负面情绪舒缓、认知调整

新冠疫情改变了家庭成员的生活方式，如学生上网课、家长外出复工及家庭成员的照顾负担加重等可能影响家庭成员，使其产生忧虑、恐惧等情绪，建议利用 IPTV（交互式网络电视），开设应对如上问题的相关讲座。

5. 针对特殊家庭，提供专项服务

在新冠疫情防控排查过程中，要关注社区（村）中既有的低保对象、低收入家庭等特殊群体，更要及时发现疫情防控期间新形成的特殊群体，包括因子女亲属感染新冠病毒、医学隔离观察或子女亲属参加疫情防控一线工作导致无人照顾的失能、失智和患有重大疾病而处于临时困境的老年人，因监护人或家庭成员感染新冠病毒或医学隔离观察导致无人照顾而处于临时困境的儿童，因疫情影响无法复工导致基本生活出现困难的人员等特殊群体。根据他们的具体情况，社会工作者可提供专项服务，必要时开展个案管理工作。

6. 建立家庭服务求助平台

在社区层面或社会组织发展较为成熟的地区，建议在公众号或其他平台设立求助平台，当家庭成员遇到重大危机、资源断裂或情绪失控时，社会工作者可在求助平台上提供相关的支持性服务。

（三）工作注意事项

1. 转换传统的工作思路，充分运用互联网

本次新冠病毒的传播对传统的社会工作服务方式提出了重大挑战，社会工作者应尽可能利用电脑、手机等远程设备提供专业服务，

以减少不必要的暴露。同时根据不同家庭的生命周期，运用不同的互联网工具，确保服务的可及性。

2. 以家庭整体为单位，充分调动家庭动力

每个家庭都有自身的潜能和动力，在服务家庭及其成员时，建议采用参与式项目管理方式，在进行需求调研、清单设计和具体服务内容制定时，让更多家庭及其成员参与进来，并强调家庭自我服务。

3. 构建家庭服务生态圈，引入协同治理理念

基本生活照料类服务、教育类服务和精神文化生活类服务需要社会工作者与政府、企业和社会组织形成合力，开展协同治理，提升家庭服务的专业性、精准性。在设计具体内容的过程中，同时做好需求调研、资源调研和服务使用情况的综合调研；在服务提供过程中，可进行跨界合作。

四、 社区服务工作指引

（一）工作目标

1. 疫情重点地区

疫情重点地区主要分为封控区与管控区。封控区是指新冠病毒阳性患者发生地、居住地、工作地、活动地等，是主要实施“封闭隔离，足不出户”政策的封控区域。管控区即新冠病毒阳性患者的密接者发生地、居住地、工作地、活动地等，是主要实施“只进不出，严禁聚集”的管控区域。对疫情重点区域，社会工作者主要通过线上信息筛查和需求评估，细分出健康人群、发热群体及新冠病毒阳性患者或疑似患者三类人群。社会工作者应以线上微信群为依托，搭建“社区为本”的疫情防控三级防御机制，为社区内的三类人群提供科普宣传、心理疏导、居家陪护、危机干预、资源链接、生活帮助、评估及

跟进等专业服务。

2. 疫情防控地区

疫情防控地区主要为防范区，即封控区周边主要实施“两点（居住点—工作点）一线，非必要不离开”的防控区域。社会工作者通过线上信息筛查和需求评估，了解社区居民的身体情况和工作出行情况，开展健康情况监督、疫情信息公开、健康教育、出行防范教育、信息疏导等服务，安抚社区居民的恐慌情绪，营造居民参与和支持的良好氛围，为社区风险等级可能出现的变化提前做好预案。

3. 疫情非重点地区

疫情非重点地区主要为所在区域暂未出现新冠病毒阳性患者、密切接触者，暂未被纳入封控区、管控区、防范区的区域。对疫情非重点区域，社会工作者通过线上筛查和线下走访相结合的方式，及时了解社区居民的身体健康状况及出行状况，通过开展信息登记、疫情信息公开、健康教育、需求评估等活动，引导社区居民正确进行疫情防控，并为社区居民提供心理疏导、信息咨询、资源链接等专业服务，满足社区居民的相应需求，营造社区居民支持和参与社区联防联控、群防群治的良好氛围。

（二）工作内容

1. 疫情重点地区

以微信群为依托，搭建“社区为本”的疫情防控三级防御机制。由两名专业工作者（社会工作者、社区工作者）和三名志愿者（医务志愿者、心理志愿者、微信群管理员）组成“2＋3”防疫服务队伍。

第一级防御“靠网格”。首先，本地民政部门与各街道网格员进行对接，将网上的医务志愿者、社会工作者和心理志愿者下沉到网格群里。其次，积极发挥“五社联动”的作用，依托街道社工站，联结线上和线下的人力、物力等资源，为基层联防联控提供支持和帮助。其中，医务志愿者负责面向社区居民开展医疗科普和在线答疑；心理志愿者提供心理疏导和缓解情绪的方法与技巧；社会工作者负责评估社区居民的情绪状态、需求，并协调各方面的资源与关系，与居民建立积极的关系，帮助组员形成互助团体；微信群管理员负责协助社会工作者管理群事务和进行日常的档案管理。

第二级防御“靠居家”。建立针对发热人群的居家隔离指导群，这部分人员一方面可通过前面大群的筛查甄别邀请进来，另一方面也可通过社区医务人员转介进来（医务人员根据手头的分诊手册分流，邀请居家隔离的发热人群及时扫码入群）。对这部分人员，医务志愿者的工作是为其提供专业的医疗咨询，指导他们进行科学的自我隔离；心理志愿者负责提供心理疏导和情绪缓解服务；社会工作者负责评估其情绪状态、需求，并协调各方面的资源与关系，与其建立积极的关系，同时帮助组员形成互助团体；微信群管理员负责协助社会工作者管理群事务，为服务对象建立档案，跟踪发热人群每日的临床表现，以及进行日常的档案管理。

第三级防御“靠社区”。建立针对新冠感染患者或疑似患者家属的支持群。在这一层级上，原则上须创建两个群：一个是“支持群”，该群主要面向入院隔离新冠感染患者及其家属，目的是帮助患者及为陪护儿童和特殊病患的家属提供情绪支持，以及对病患家属开展评估，以确认其是否有感染风险；另一个是“常态化防疫群”，该群面向社区所有居民，目的是帮助社区居民进行常态化核酸检测、开展健康情况定期上报和生活物资团购等活动，以便社会工作者和志愿者及时了解和掌握本社区居民的健康与生活状况，保证核酸检测和分发物资工作更加有序开展。在第三级防御的各工作群组中，医务志愿者根据患者的病情发展阶段，为其提供有针对性的医疗信息，并指导其遵医嘱服药，还需为患者家属提供健康防护知识，降低他们被感染的风险，同时帮助家属进行自我筛查；心理志愿者负责提供心理疏导和情绪缓解的方法与技巧；社会工作者负责评估患者及其家属的情绪状态、需求，通过协调各方面的资源与关系，与之建立积极的关系，稳定家属情绪，并帮助组员形成互助团体，为患者提供支持；微信群管理员负责协助社会工作者管理群事务，跟踪家属的每日临床表现，以及进行日常的档案管理。

2. 疫情防控地区

第一级防御“靠甄查”。社会工作者与街道社工站、社区工作者、社区网格员进行对接，采用线上为主的方式，如电话、微信群聊等，对本社区的商铺和居民进行排查、甄别和界定，筛查出健康居民、疑似患者和疑似密切接触者三类群体。以小区（楼栋/单元）为单位，每户派一个代表入群，对于一户被分为多家租住者，每家派一个代表入群，建立并完善线上小区居民群，确保每户均有居民代表入群。社会工作者负责统筹协调各社区居民群的管理和运营；微信群管理员负责群管理，及时对群内居民进行信息采集，做好居民的健康登记和出行安排登记。同时，在线上小区居民群中，社会工作者应协助群管理员开展信息咨询、政策解读以及防疫知识科普等工作，及时甄别健康情况不佳的群体。

第二级防御“靠下沉”。社会工作者链接辖区内的企事业单位及居民区党支部等资源，形成辖区内党员引领专业服务的基层下沉抗疫服务队。首先，为社区内的党员和志愿者建立档案，了解其资源和技能，促使社区党员与社会工作者协同，合力为有需要的居民提供所需的服务。其次，各单位党支部应主动监测本单位员工的健康情况、出行情况，协助社区甄别辖区内单位的情况。最后，辖区内党支部应积极协助社区开展居民需求调查，由社会工作者对志愿者进行培训，引导党员同志、楼栋长、楼栋群管理员在线上线下协同工作，为辖区内的特殊需求人群，如孕妇、其他病患、独居老人等建立档案，协助他们进行核酸检测、医疗及生活安排。对有健康服务需求的服务对象，可链接医务志愿者为其提供在线医学诊断和居家指导等服务；对社区内有血液透析、重大疾病等紧急就医需求的居民，及时链接其所需的医疗服务资源，针对这一人群可能出现的焦虑、恐慌等情绪，社会工作者可和心理志愿者一起为其提供专业咨询服务。为保证服务的有效性，在每个服务群组中，需采用个案管理的方法，做好每位服务对象的档案管理，以便后续跟踪评估。

第三级防御“靠及时”。首先，社会工作者应及时处理居民的恐慌情绪，协助社区工作者及时向群众公开疫情相关信息和进展，避免因为恐慌造成的谣言扩散。对于存在严重情绪问题者，应及时开展个案服务，纾解其情绪。对于严重焦虑及自我怀疑者，医务志愿者应及时对其进行科普并评估，缓解其焦躁情绪，心理志愿者应及时跟进，为其提供心理咨询服务。其次，社会工作者应及时对居民需求进行评估，并及时处理。对有健康服务需求的服务对象，可链接医务志愿者为其提供在线医学诊断和居家指导等服务；对有情绪困扰的社区居民，可和心理志愿者一起为其提供专业的咨询服务。为保证服务的有效性，对行动不便者或有特殊需求者，应及时引导其进入特定的服务群并提供有针对性的专业服务。最后，对不断变化的防控形势和工作要求，应及时调整和应对。针对可能由防控地区转为非重点地区的情况，应该准备好服务结束的结案工作，减轻服务对象的依赖性，促进其在疫情结束后情绪、生活的恢复和重建；针对可能由防控地区转为重点地区的情况，应该加强对居民的健康监测，以判断其是否存在感染风险。若出现疑似病例，对密切接触者及时跟进并进行隔离，保持每日联系，及时转变和调整防疫策略，防止因疫情形势变化出现人手、物资不足等情况，避免使防疫系统陷入瘫痪。

3. 疫情非重点地区

第一级防御“靠网格”。社会工作者与社区工作者、社区网格员对接，采用线上为主的方式，如电话、微信群、公众号等，对本社区的商铺和居民进行排查、甄别和界定，筛查出健康居民、疑似密切接触者和疑似患者三类群体。以小区（楼栋/单元）为单位，每户派一个代表入群，建立并完善线上小区居民群。社会工作者负责统筹协调各社区居民群的管理和运营，担任群管理员，及时对群内居民进行信息采集，做好群内的工作协调和服务引导，收集有效公共资源信息。同时，在线上小区居民群中，社会工作者要协助社区工作者等开展信息咨询、科普宣传、政策解读、人员排查、工作动员、疫情监测等工作，营造互助、友好、支持性的社区氛围。

第二级防御“靠预估”。在社区内开展需求调查，对社区居民在疫情防控期间的需求进行科学评估，要特别关注社区中有特殊需求的人群，如孕妇、其他病患、独居老人等，充分了解社区居民的需求状况。结合需求评估的结果，预先制订有针对性的分类服务方案。依托微信群，将服务对象分流至各个服务群，并制定各服务群的工作计划，同时开展志愿者招募和管理工作，分类引导志愿者进入各服务群，协助社区居民进行核酸检测、健康登记。

第三级防御“靠服务”。对有需求的社区居民、居家/集中隔离人员家属、疑似患者、疑似密接者、严重焦虑者，社会工作者应引导其进入线上咨询服务群（如聚焦服务群、重点陪护群等），接受在线支持服务，协助其解决各类问题。对新冠感染患者家属，社会工作者为其提供情绪支持并进行及时评估，以掌握其是否存在感染风险。若出现疑似病例，对密切接触者及时跟进并进行隔离，保持每日联络。在隔离期间，及时为服务对象及其家人提供充足的生活物资保障，积极链接资源和提供服务。对线上小区居民群内情况严重的服务对象进行跟踪评估，按照本群医务志愿者或心理咨询志愿者的专业建议，进行资源链接和及时转介。

（三）工作方法

社会工作者依据疫情重点地区和非重点地区的社区服务指引，依托“2＋3”服务模式，整合“专业人员＋志愿者”资源，通过“线上＋线下”互动的方式进行服务，并以“社工主导，线上服务，明确职责，定岗定时，以点带面，提高效能”为原则，为社区居民提供专业服务。

1. 在疫情重点地区搭建“社区为本”的疫情防控三级防御机制

一是针对社区居民建立社区网格群，搭建“科普、安抚、摸底”的网格服务组。二是针对居家隔离的次密接人员，搭建“指导、咨询、安抚”的隔离指导组。三是针对社区内有血液透析、重大疾病及紧急就医需求的人员，搭建“对接、转介、陪护”的资源对接组；针对集中隔离治疗或观察的人员（确诊病例、密切接触者）及其家属，搭建“支持、咨询、跟踪”的后援支持组（见图 7－1）。

2. 在疫情防控区和非重点地区搭建社区联防联控的三级疫情防控体系

对非重点地区要加强防控应对，社会工作者应协同社区工作者、网格员、志愿者等，搭建社区联防联控的三级防控体系（见图 7－2）。

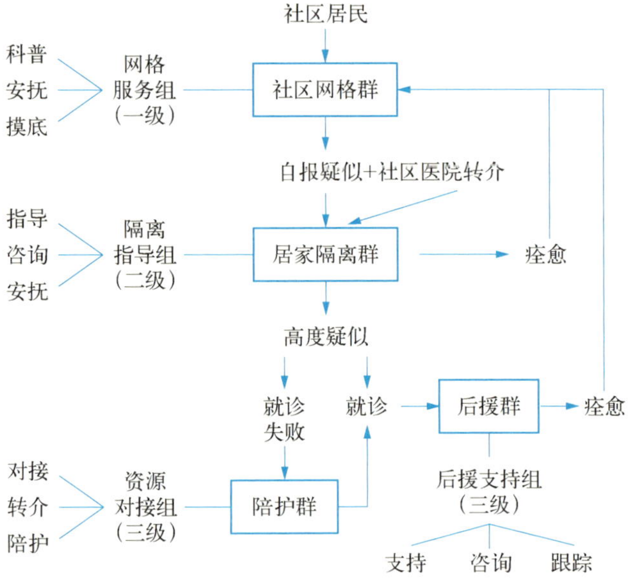

图 7－1　疫情重点地区“2+3”社区疫情防控模式

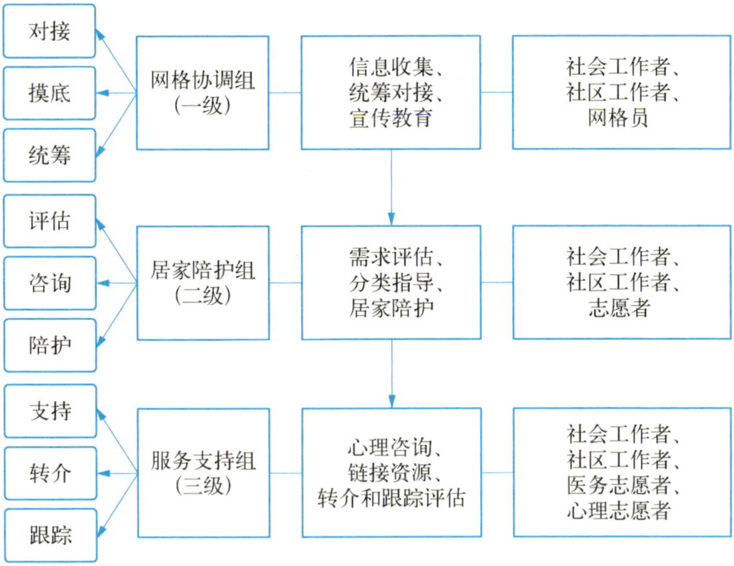

图 7－2　疫情非重点地区的社区联防联控三级防控模式

一是对社区居民进行网格化排查，搭建“对接、摸底、统筹”的网格协调组，做好信息收集、统筹对接、宣传教育等工作。二是针对社区居民和有特殊需求的人群，建立“评估、咨询、陪护”的居家陪护组，依托需求评估结果及时回应居民的不同需求，并做好志愿者管理和服务对象的档案管理等工作。三是针对高度疑似人员，搭建“支持、转介、跟踪”的支持服务组，做好心理咨询、链接资源、转介和跟踪评估等服务。

（四）工作要点

1. 恪守专业伦理

无论是在疫情重点地区还是非重点地区，社会工作者都应严格遵守保护生命、平等与反歧视、保密、真诚的专业伦理。首先，社会工作者应该坚持生命至上的伦理准则，以保护社区居民的生命财产安全为第一要义，及时了解并帮助社区居民实现他们在就医等方面的需求。其次，要保护好社区居民的隐私，尊重每个人的尊严和价值，避免对确诊病患的污名化和二次伤害。

2. 科学评估，分类服务

有效的服务需依托科学的需求评估，因此，针对社区中不同居民的需求，社会工作者应制定不同程度的响应机制，提高应对措施的精细化、人性化水平。

3. 加强能力建设，发挥专业作用

通过培训、学习等方式加强服务团队的能力建设，以提升服务的专业化水平，便于开展社区教育和资源链接等服务。服务团队的能力建设主要分为三类：第一类，对防控新冠感染疫情知识和政策的基本了解，如新冠病毒相关的医学常识、防治常识，以及政府官方渠道发布的最新政策、服务资源、联络方式等；第二类，向社区居民提供心理咨询等专业服务的技巧；第三类，与政府、社区工作者、网格员等各方协调资源、共同合作的能力。

4. 明确专业界限，及时转介

社会工作者在服务过程中应澄清社区服务的工作内容和范围，对服务范围以外的需求应及时对接资源并转介。

5. 借助信息化手段，倡导多元参与，协同推进

借助微信群、公众号等信息化手段，与社区工作者、网格员、志愿者等协同合作，共同营造社区联防联控、群防群治的良好氛围。

五、志愿者管理工作指引

（一）工作目标

加强志愿者管理，完善志愿者组织内部建设，规范志愿者活动，提高志愿者及各部门的工作质量与效率，推进志愿者服务工作安全、有序开展。

（二）工作内容

1. 志愿者招募

各机关、企事业单位、志愿服务组织等开展志愿者招募工作，应遵守国务院发布的《志愿服务条例》（国令第 685 号）的相关规定，规范志愿者招募工作流程，吸引各阶层、各职业、各年龄段志愿者自觉自愿加入疫情防控志愿服务。同时，按照志愿者注册登记制度，鼓励参加疫情防控的志愿服务人员登记成为注册志愿者，鼓励志愿服务组织、公益慈善组织和社会服务机构配备专职人员开展志愿者注册。

根据疫情防控特点，建议各单位各组织建立线上志愿者招募平台，并设定志愿者招募标准，分类别对参与不同服务工作的志愿者进行资格审核，以保证最大限度地发挥他们的个人所长。对在线上平台

报名的志愿者，活动组织者应发布志愿者登记表，并在登记表中注明各项服务类别，以供报名者选择，根据填报信息，筛选并适当调整符合特定类别志愿服务活动的志愿者参与服务。

2. 志愿者分配

各单位和组织在分配已招募的志愿者参与疫情防控服务工作时，应遵循以下原则：

（1）合理的服务半径。根据就近就便原则，合理确定志愿者服务半径。原则上，志愿者不跨区域参加志愿服务。

（2）匹配的技能特长。根据志愿者的技能特长与服务需求高度匹配原则，合理分配志愿服务活动。原则上，志愿服务组织安排志愿者参与志愿服务活动，应当与志愿者的年龄、知识、技能和身体状况相适应，不得要求志愿者提供超出其能力的志愿服务。

（3）尊重自主选择。根据志愿者自主选择原则，为志愿者分配他们的意向岗位。原则上所分配的志愿活动不能违背志愿者的自主意愿；更换岗位或因现实原因无法匹配其意向时，可与志愿者协商解决。

3. 志愿者培训

培训前应将志愿者按照岗位性质分组，选定小组组长，建立微信群组，在线制定小组规范，并分发志愿服务手册，由组长牵头，组织组员共同学习。培训结束后须对志愿者进行疫情防控知识测试，通过后方可上岗服务。

根据志愿者群体和志愿服务组织的实际情况，对志愿者的培训工作应借助微信群和各种新媒体直播平台，邀请医院、疾控中心等专家医生，开展新冠疫情防控专业知识、志愿服务技巧、志愿者自我防护、心理疏导技巧等相关主题培训。同时，直播培训中应设置交流环节，为志愿者答疑解惑。这样一方面可避免人员集中产生交叉感染，扩大宣传的覆盖面；另一方面也能提高宣传效率，降低宣传成本。

4. 志愿者保护

在志愿者参与疫情防控志愿服务工作的同时，各单位各组织应设立配套保护措施，使志愿者的身心皆处于良好状态，以更好地参与疫情防控工作。具体保护措施如下：

（1）信息保护。志愿者管理方和相关人员应尊重志愿者的人格尊严，保护志愿者的个人信息，不与他人讨论志愿者的相关资料。

（2）保险保障。志愿者可以享受人身意外保险，免除其在志愿活动中的后顾之忧。

（3）后勤保障。合理安排志愿者的志愿服务时长与工作量，确保志愿者有充足的就餐、休息和睡眠时间。对进行线下服务的一线志愿者，志愿者管理方需要落实其就餐和交通需求，以及口罩和消毒剂等防护用品的供给，确保志愿者的人身安全。

（4）心理支持。在服务中，面对巨大的工作压力，志愿者难免会出现倦怠、焦虑和无奈的负面情绪，社会工作者需要对志愿者的负面情绪适时给予引导和纾解。社会工作者要引导志愿者产生“只有保护好自己，才能保护他人”的认知；协助志愿者形成线上互助减压团体，通过冥想、情感支持、经验分享等方式，为其提供安全、开放、信任的线上交流空间；协助志愿者进行自我压力检测，帮助他们意识到压力的来源，给予他们适当的心理教育，帮助其识别不利的压力，改变对压力的态度，学会正确应对压力和放松的方法。

根据以上内容，社会工作者可参照以下服务流程进行志愿者管理：首先，通过线上平台招募志愿者，对报名者进行资格审查，筛选出合适的人选；其次，根据需求合理配置志愿者资源，在分工明确的基础上，针对不同任务组的志愿者开展有针对性的培训；最后，志愿者正式上岗工作时，社会工作者需要在各个方面保障志愿者的身心健康，为其提供心理支持。

（三）工作策略

（1）制定志愿者工作手册，明确工作内容和注意事项，并整理最新的关于新冠感染的医学知识和防护方法，在做志愿者岗前培训时，分发给每一位参与服务的志愿者。

（2）利用线上培训的方式，及时为志愿者提供专业指导。按照志愿者的服务内容对其进行分组，并建立微信群，鼓励志愿者在群里相互交流，分享经验。

（3）开展线上服务分享会，给予鼓励。在分享会中，社会工作者鼓励志愿者分享对参与抗击新冠疫情的看法，以及服务中的感受和遇到的问题，帮助志愿者反思目前的工作。社会工作者要对志愿者的工作给予肯定、鼓励和支持，并引导志愿者之间相互关怀，互相加油打气。

（4）对出现负面情绪的志愿者开展个别督导。同理和接纳志愿者的负面情绪，引导其将负面情绪表达出来，鼓励其正向思考，并教授他们一些缓解压力的技巧。

（四）工作注意事项

1. 保障志愿者的生命安全

社会工作者需要密切关注受疫情影响志愿者的衣、食、住、行，判断疫情带来的日常或急剧变化是否威胁志愿者的生命安全，并迅速做出回应；督促其学习自我防护和自我照顾的有关知识和技能。应保证参与服务的志愿者有安全的防护工具、充足的睡眠、基本的亲友支持网络，以保障他们的身心安全，防止其身心耗竭。

2. 秉持平等、尊重、真诚的态度

社会工作者在为志愿者提供服务时，应尊重志愿者，接纳志愿者的想法、习惯和工作方式，与志愿者保持平等的关系，不以“专家”的身份自居，不居高临下。社会工作者应及时披露疫情的相关官方信息，回应志愿者询问时，应据实告知。当志愿者提出的要求明显超出社会工作者自身的能力和工作条件时，也应明确告知。

3. 保护志愿者的隐私

在服务过程中，社会工作者要注意保护志愿者的个人信息，不与他人讨论志愿者的资料。若披露资料可以防止对志愿者和他人造成严重伤害，可以有例外。

4. 明确激励和退出机制

社会工作者应当根据当地实际情况，设置志愿者激励机制，认可志愿者的公益行为。对违反相关法律法规、损害服务对象权益的志愿者，应立即终止其志愿服务行为，并依法送交相关部门，追究其相关刑事和民事责任。对于因故不能按照约定提供志愿服务的志愿者，应当及时告知志愿者管理方及相关工作人员，以确保志愿服务的有序推进。

第八部分　社会工作督导

一、工作目标

社会工作督导是一种专业训练方法，是发展及维持高水平社会工作实务的一项核心元素。督导通常由资深的社会工作者担任，对参与疫情防控、恢复重建等一线工作（包括线上和线下）的初级社会工作者、实习学生和志愿者等工作人员及其服务，通过一定的程序持续进行指导和监测等，传授其专业服务的知识与技术，并为其提供心理情感支持、组织行政支持和物质信息等资源链接，以帮助他们提升服务质量，并促进其专业性成长。

专业督导的首要目标是使参与服务的从业人员有能力履行职责，并确保及促进以人为本、具有实效的社会工作实务的顺利实施，最终令服务使用者受惠；同时，促进服务人员的专业性成长，包括专业服务能力的提升及专业伦理规范的习得等。对社会工作发展相对滞后的地区而言，疫情防控中的督导工作也有助于促进本地的社会工作人才队伍建设。

二、工作内容

（一）提供行政支持

行政支持具体包括为参与疫情防控工作的社会工作者订立服务目标、确定优先次序，依据工作内容建立或链接医务、心理咨询等志愿者团队，厘清社会工作者在项目及团队中的角色，为被督导者规划和分配工作任务，开展工作评估和反思，亦对被督导者的工作表现保留问责权利。

鉴于新冠病毒的传染性强，在疫情未被完全控制阶段，督导者在进行线下工作任务分配时有责任适当考虑被督导者的感染风险及其生活保障。督导者有义务协调机构、单位及社区，为所督导的线下社会工作者链接资源、提供适切的保护措施，包括但不限于提供口罩、护目镜、防护服、手套、隔离住所等，切实保障被督导者及其密切接触者的安全，最大限度地防止被督导者暴露于危险环境之中。疫情得到控制后，督导者可考虑为被督导者提供支持和资源，让其能够投入社区关系重建、社区韧性激发项目中。

（二）提供专业支持

专业支持具体包括为参与防控工作的社会工作者提供线上、线下服务所需的专业价值指导，以及知识和实务技巧支持。

由于疫情防控工作具有紧急性、高度不确定性和阶段性等特征，督导者可用直接或间接的方式向被督导者提供危机干预的相关知识、技巧；在提供专业支持时，督导者需保持开放的态度，考虑联合医学、护理学、心理学等专业人士以及社区工作人员和其他专业人员，共同为一线社会工作者提供专业支持；围绕实务中遇到的问题，针对被督导者的紧急工作需要及时地、不定期地开展个案商讨、召开督导会议等。疫情得到控制后，社会工作督导可用直接或间接的方式为被督导者提供社区重建方面的专业方法和专业技巧。

（三）提供心理支持

督导者有必要为参与疫情防控的社会工作者提供心理支持，理解他们的处境，及时帮助他们舒缓负面情绪，培养有利于优化工作表现的态度和情感，维持被督导者的士气，让被督导者感受到被支持，且其服务价值能够获得及时的专业评估和肯定。

除了一般困境，在疫情防控过程中提供服务的线上社会工作者经常面临无法提供在地服务和实质性帮助的困境，从而可能导致其心理受挫；提供服务的线下社会工作者则面临与服务对象接触带来的感染风险上升、焦虑情绪和死亡恐惧。由于疫情反复，提供服务的社会工作者常常需要持续参与疫情防控，或在封闭的环境中提供服务，可能会让其所开展的日常专业活动受阻，进而产生倦怠感。督导者需要评估和理解他们的情绪反应，提供及时的舒缓和支持服务，但要划清“督导”与“治疗”的界限。

（四）提供资源支持

资源稀缺是疫情暴发时期的重要特征，督导者通常有在相关领域较长时间工作的经历，且这一经历嵌入在各级社会网络中。因此，督导者除了利用个人专业人力资本为被督导者提供专业服务支持外，还应积极发挥个人社会网络或督导者所在组织的力量，广泛动员、链接各方社会资源，尽力为被督导者提供最新信息、政策解读、转介通道、物质资金、就诊机会等资源性支持。

三、工作保障

（一）建立督导制度

地方各级社会工作主管部门及行业协会应当在制度建设和平台搭建上支持督导工作顺利开展，包括但不限于以下内容：将对灾害社会工作督导者的培训、认证和发展纳入工作计划；将督导经费列入防疫期间社会工作服务预算；建立督导的使用和监管制度。疫情得到控制后，可考虑使督导培训向本地社会工作者倾斜，建立有梯度的督导模式和支持团队，培育本地督导队伍，进一步规范相关制度建设。

服务机构应当视督导工作为机构服务专业性的重要保障。社会工作者所在的机构或临时组织有必要建立督导制度，明确督导的资质、责任、团队规模、频次、投诉机制等，并配备相应的资源，维持督导责任与权力的统一；建立适切的档案记录，但在疫情防控的关键阶段，应警惕过于冗余的表格文件，以清晰扼要为宜，以不妨碍快速响应求助者的需求为前提；在有条件的情况下，机构应为督导者提供机会，使他们能持续学习督导实务方面的知识和技巧。

（二）规范督导过程

1. 督导者应遵循专业伦理

防疫期间的督导工作应当遵循一般性的社会工作专业伦理和社会工作职业道德指引。督导者应秉持社会工作的专业理念，接纳、尊重、赋能被督导者，对其进行客观、专业的评估，提出符合防疫情境和具体明确的服务改进策略。

2. 督导者应具有督导他人的能力

在条件允许的情况下，建议督导者同时发挥行政支持、专业支持、心理支持和资源支持的功能。督导者一般应持有社会工作专业资格证书，拥有足够年限的相关工作经验，有接受灾害社会工作主题的继续教育或在防疫期间提供直接服务的经历。

3. 督导过程应规范且符合防疫情境

在条件允许的情况下，防疫期间的社会工作督导应当遵循一般社会工作督导流程：与被督导者就督导议题达成共识；根据被督导者的特征和服务阶段提供差异化的督导服务；根据被督导者、服务对象和服务相关方的反馈调整督导内容；根据需要或条件变化，终止督导关系，并保存督导记录。

（三）保持灵活的督导方式

督导方式可根据内容和资源状况灵活选择，包括但不限于：个别督导、团队督导、同事督导及在线培训。

个别督导由一位督导者和一位被督导者一对一进行会议讨论，适用于特别案例和个人情绪的处理。团体督导由一位督导者和数位被督导者以小组讨论的方式定期举行讨论会议，适用于一般化的问题及其指引的处理。同事督导由具有同类需求或近似技术层次的个人或群体以个别互惠或团体讨论的方式进行，适用于对复杂问题的探讨。在线培训指督导者带领被督导者对所需相关知识和实务技能进行集体在线学习。

督导资源可根据实际情况统筹调配。鉴于当前我国社会工作发展面临的临床经验有限、公共卫生社会工作欠发展，以及疫情呈间歇性和规模性暴发、社区封控防疫导致人员流动受限等现实状况，建议在社会工作人才队伍建设尚不健全的地区，通过联合专业协会，链接外部督导，组建专家咨询团队，及时开展线上督导，以解决特定区域在地专业督导资源不足的问题。

后 记

新冠疫情暴发后，中国社会工作教育协会第一时间召集相关专家学者，由协会副会长兼秘书长马凤芝教授牵头成立“社会工作专业服务指引编写组”，组织编写了《社会工作参与新型冠状病毒肺炎疫情防控工作实务指引（试行稿）》，并于2020年1月底正式发布。随着疫情的变化，以及社会工作专业服务因应前线和各地需要而不断发展的新情况，我们对上述试行稿做了补充和修订，形成了《社会工作参与新型冠状病毒感染疫情防控工作实务指引（正式版）》，以回应专业服务的需要。

本指引的编写工作具体分工如下：第一部分，马凤芝、黄红、沈黎；第二部分，李侨明、郑广怀；第三部分，马凤芝、张洪英；第四部分，范斌；第五部分，吕新萍、杨云娟、黄匡忠、程明明；第六部分，花菊香、陈虹霖、陈蓓丽、吕新萍；第七部分，花菊香、许莉娅、彭振、陈虹霖、陈蓓丽、郁之虹、祝玉红、范斌；第八部分，罗艳、任敏。

本指引的编写工作由凯瑟克基金支持，得到了中国社会工作教育协会名誉会长王思斌教授、香港理工大学校长高级顾问阮曾媛琪教授、国际社会工作教育协会（IASSW）主席安娜玛丽亚·坎帕尼尼（Annamaria Campanini）教授和前主席莉娜·多米内利（Lena Dominelli）教授等的关心。华东理工大学出版社在本指引的出版过程中给予了全力支持。在此，对所有关心本指引编写工作并提供建议的社会工作界同仁表示衷心感谢！

面对疫情，社会工作有责任进一步发挥专业优势。中国社会工作教育协会将一如既往地秉持专业精神，与全国社会工作界同仁同心协力、英勇奋斗、共克时艰，发挥专业优势、引领专业服务。

中国社会工作教育协会